OMUP ブックレット　No.68

大学研究者への ワーク・ライフ・バランス支援
―女性支援からケア支援へ―

巽　真理子

はじめに
本書の視角　ワーク・ライフ・バランス支援とジェンダー

1．はじめに：両立支援からワーク・ライフ・バランス支援へ

　1990年の「1.57ショック」を契機に始まった日本の少子化対策は、1994年の「エンゼルプラン（今後の子育て支援のための施策の基本的方向について）」や、1999年策定の「新エンゼルプラン（重点的に推進すべき少子化対策の具体的実施計画について）」においても、女性の社会進出の増加などに伴う保育需要の多様化などに対応するための支援、つまり、働く母親への仕事と子育ての「両立支援」が中心であった。

　それが、働く人すべてを対象とする「ワーク・ライフ・バランス支援」へと変わっていったのは、2007年の「仕事と生活の調和（ワーク・ライフ・バランス）憲章」と「仕事と生活の調和推進のための行動指針」である。これは、経済界、労働界、地方の代表者、関係会議の有識者から構成される「仕事と生活の調和推進官民トップ会議」によって策定されたもので、同年の「子どもと家族を応援する日本」重点戦略においても「働き方の見直しによる仕事と生活の調和（ワーク・ライフ・バランス）の実現」が重点課題とされた。

　ここでいう「両立支援」と「ワーク・ライフ・バランス支援」の大きな違いは、その対象と内容である。両立支援は主に働く母親への仕事と子育てを両立するための支援であったのに対し、ワーク・ライフ・バランス支援は性別に関わらず、働く人すべてへの仕事と私生活（子育て・介護の時間や、家庭、地域、自己啓発などのための個人の時間）の調和のための支援である。

2．ジェンダー視点でワーク・ライフ・バランス支援について考える

　しかし日本においては、いまだ「ワーク・ライフ・バランス支援」は「女性活躍」とともに語られる場合が多い。特に女性比率が低い職場では、その傾向がみられる。大学における研究者支援もその一つだ。

　大学に所属する研究者における女性比率は、2021年現在で26.4％である。文部科学省（以下、「文科省」）が女性研究者支援のための補助事業を始めた2006年の17.4％と比較すると、15年間で9ポイント増えたが、欧米における女性比率が35％～40％であることに比べると、その差はまだ大きい。その職位別の

女性比率をみると、助教では32.1%と高いが、大学運営に関わる教授になると18.3%と低く、学長・副学長では14.3%とさらに低くなる（文科省 2021）。

　研究者における女性比率を上げるために、文科省は2006年に科学技術振興調整費「女性研究者支援モデル育成」を始めた。それは、女性研究者が研究と出産・育児などを両立し、研究活動を継続するための大学などの取り組みを支援するためのプログラムである。プログラム名が「ダイバーシティ研究環境実現イニシアティブ」となった2015年以降も、主な支援対象は女性研究者であり続けている。それは、前述の女性研究者（特に上位職）が少ないという現実を反映したものである一方で、「女性だけを支援すればいい」というメッセージにもなり得る。

　文科省が「女性研究者支援モデル育成」を始めて15年以上が経った今、大学における研究者へのワーク・ライフ・バランス支援について、改めてジェンダー視点で考える必要があるのではないだろうか。これまでは、大学における研究者へのワーク・ライフ・バランス支援施策については、「女性研究者が活躍できている（環境）かどうか」に注目して考察されたものが多かった（仲・久保（川合）2014、国立女性教育会館 2014、横山ほか 2017など）。これらには、女性研究者の現状やそれを取り巻く環境について詳細にわかるという利点がある。しかし、ジェンダー平等という点からは、男性を考察対象に含めないことによって、見落としていることもあるのではないだろうか。筆者はフェミニズム（女性学）および男性学の視点を取り入れた父親研究を続けながら（巽 2018aなど）、大阪府立大学で2010年の立ち上げ時から女性研究者支援事業にコーディネーターとして携わっている[1]。そこで本書では、「大学に勤務する、子育て中の男女研究者」を支援対象として考察することにより、先行研究では見落とされてきたジェンダー平等への課題を指摘したい。

3．ワーク・ライフ・バランス支援を担う人材

　大学における研究者へのワーク・ライフ・バランス支援が議論される際に、見落とされている点がもう一つある。それは、大学の男女共同参画推進室や女性研究者支援室などでワーク・ライフ・バランス支援を推進する、男女共同

---

[1] 筆者は2022年4月の大学統合以降も、大阪公立大学女性研究者支援室女性研究者支援センター（中百舌鳥）の副センター長（特任准教授）として、コーディネーターの業務を続けている。

参画推進コーディネーター[2]（以下、「コーディネーター」）である。それは、URA（University Research Administrator）と同様に、2000年代に大学に現れた新しい職業の一つであり、その役割は幅広く、大学の執行部および教員と職員の間に立ち、両方の立場や仕事の内容、働き方の違いなどを理解し調整しながら、男女共同参画を推進していくことが求められる。

　筆者が大阪府立大学女性研究者支援センターのコーディネーターとして関わりだした2010年は、まだ全国の大学が研究者支援について試行錯誤していた頃であり、コーディネーターの役割もその専門性についても、大学によってばらつきが大きかった。2006年から始まった文科省の補助事業の支援対象が当初は理系の女性研究者に限定されていたため、コーディネーターにも理系の専門知識を求める大学や、女性支援ということでジェンダー論の専門性を求める大学もあった。

　コーディネーターは、大学における男女共同参画推進の現場の推進役となるため、どのような専門性やスキルをもつ人がなるかによって、その大学の男女共同参画の推進に大きな差が出てくる。にも関わらず、このコーディネーターという職業の役割、およびそれに必要な専門性について議論されたことは、ほとんどない。そこで本書では、コーディネーターの役割と専門性について、さまざまな視点から検討してみたい。

4．本書の構成

　本書は二部構成である。第Ⅰ部では、日本の大学における研究者のワーク・ライフ・バランス支援について、第1章で文科省が行っている研究者支援政策をふりかえった後、その実践例として、第2章で大阪府立大学における研究者のワーク・ライフ・バランス支援と、教職員調査からみられるジェンダー規範について考察する。

　第Ⅱ部では、大学においてワーク・ライフ・バランス支援を推進する、コーディネーターについて議論する。第3章では大学における男女共同参画推進

---

[2]　その呼称は大学によって、「コーディネーター」「特任教員」「マネージャー」などさまざまだが、本書では「コーディネーター」で統一する。また、本書では「ジェンダー平等」ではなく、行政用語である「男女共同参画」をあえて用いて、女性研究者支援事業に関わるコーディネーターを「男女共同参画推進コーディネーター」と呼ぶこととする。それは、第1章で詳述する文科省の補助事業を何らかのきっかけにして女性研究者支援事業を始める大学が多いからである。

コーディネーターという専門職について、社会学という専門分野との関連から考察する。つづく第4章では、コーディネーターのように親支援をする専門職に社会学的視点とジェンダー視点が重要であることを示す。

　なお、第3章と第4章は、筆者の過去の論文を加筆修正して掲載した。初出は以下のとおりである。
　第3章　大学のジェンダー平等を推進するコーディネーターという専門職
　　　巽真理子、2018、「大学における男女共同参画推進コーディネーターは専門職になり得るのか？──社会学を基盤にした専門職についての一考察」『現象と秩序』編集委員会、『現象と秩序』第8号：17-37
　第4章　親支援に必要な社会学的視点とジェンダー視点
　　　巽真理子、2018、「親支援職における社会学的視点とジェンダー視点の必要性──NPOと大学での支援経験から」『現象と秩序』編集委員会、『現象と秩序』第9号：11-22

第Ⅰ部
日本の大学における研究者の
ワーク・ライフ・バランスとジェンダー

第1章　文部科学省による女性研究者支援政策とジェンダー規範

1．はじめに

　本章では、現代日本の大学における研究者へのワーク・ライフ・バランス支援とジェンダー規範について、文科省による女性研究者支援政策に注目して考察する。

　日本は、ジェンダー差がまだまだ大きい社会である。2021年のジェンダーギャップ指数における日本の順位は156カ国中120位であり、四つの指標のうち、研究者に関わる指標[1]である経済参画は117位である。これは先進国としてはかなり低く、G7では最低の順位である（World Economic Forum 2021）。たとえば、日本における育児時間の男女差をみると、末子が6歳未満の夫婦の1日あたりの育児時間は母親が3時間42分、父親が48分と、その差は4倍以上もある（総務省統計局 2017）。これは、欧米の主な国での育児時間の男女差の約2倍[2]と比較すると、かなり大きい。男女共同参画や女性活躍がうたわれていても、日本は「男は仕事、女は家事・子育て」などの性別役割分業が、いまだ固定的な社会である。

　他方、日本の科学技術人材育成政策は「第3次科学技術基本計画」（2006〜2010年度）において、それまでのハード面でのインフラ整備など「モノ」を優先する考え方から、科学技術や教育など競争力の根源である「人」に着目して投資する考え方に重点を移し、「モノから人へ」とシフトチェンジした。そして、多様な個々人が意欲と能力を発揮できることを目的として、女性研究者の増加やそのための環境整備が計画に盛り込まれた（内閣府 2006）。これを根拠として、2006年に文科省が始めたのが、大学や研究機関を対象とする補助事業「女性研究者支援モデル育成」である。これは2022年現在まで形を変えながら続い

---

[1]　研究者の男女比は「女性／男性の専門家と技術者の労働者比率（％）」に含まれている。
[2]　欧米の主な国における6歳未満の子どもをもつ夫婦の育児時間は、次のとおり。米国が夫80分・妻138分、ドイツは夫59分・妻138分、スウェーデンは夫67分・妻130分（内閣府 2018：119）。

ており、大学や研究機関における女性研究者支援および男女共同参画推進の柱
の一つとなっている。

　社会において研究者は、政策・方針決定過程における「指導的地位[3]」にあ
ると考えられており（内閣府 2018）、その研究成果が世論形成や技術革新によ
る生活変革につながるという意味でも、重要な地位にある。そのため、研究者自
身のワーク・ライフ・バランスは、単なるロールモデルとしての枠にとどまらず、
その分野での問題意識や研究視点のあり方に関わり、ひいては社会の変革につな
がる。したがって、大学という職場におけるジェンダー平等の達成は、研究者が
性別に関わらず働きやすい職場にするということ以上に、重要な意味をもつ。

　そこで本章では、日本の職場におけるジェンダー規範と女性研究者の現状を
ふまえた上で、日本の大学における女性研究者支援施策について、文科省が行っ
ている補助事業を中心にみていきたい。

２．日本の職場におけるジェンダー規範：「男並みに働く」

　大学は、研究者からみれば「職場」である。そこで、まずは日本の職場にお
けるジェンダー規範の特徴をおさえておきたい。

　戦後日本では、1950年代半ばからの高度経済成長期に雇用労働者が増大し、
「雇用労働者の男性＋専業主婦＋子ども」という、性別役割分業がはっきりし
た近代家族が「標準家族」として大衆化した（宮坂 2008）。そしてこの性別役
割分業によって、日本の高度経済成長を支えた「24時間働けますか」というよ
うな男性の長時間労働が可能となった。

　長時間労働を標準とする働き方には、戦後日本における代表的な男らしさで
ある「サラリーマン（Salaryman Masculinity）」が関連している（多賀編
2011、巽 2018a）。「サラリーマン」は、自身はケア（子育て・介護など）役割
を引き受けず、「一家の稼ぎ主」として長時間労働に専念し、専業主婦である
妻にケア役割をすべて任せる中間層でホワイトカラーの会社員・公務員の男性
像であり（多賀編 2011）、戦後日本のヘゲモニックな男らしさ（Hegemonic
Masculinity）である[4]（Connell 2005）。この「サラリーマン」は、1990年頃を

---

[3]　内閣府（2020）では男女共同参画会議決定（平成19年2月14日）にもとづき、「指導的地位」を、「①議会議員、②法人・団体等における課長相当職以上の者、③専門的・技術的な職業のうち特に専門性が高い職業に従事する者」としている。
[4]　「文化的理想」と「制度的権力」の相乗効果によって最も賞賛される男らしさのパターンであるが、実際に体現できている男性は少ない（Connell 2005、多賀編2011）。

境に、経済不況による長期安定雇用や年功序列賃金の崩壊によって、男性の生き方の標準としては揺らいできているが、「男性は、家族の主な（または唯一の）稼ぎ手であるべき」という〈一家の稼ぎ主という男らしさ〉としては、現代でも根強く残っている（田中 2009、多賀編 2011、巽 2018a）。

　このような働き方に関する男らしさは、男性だけでなく女性にも大きな影響を与えている。マジョリティ（多数派）である男性グループの独特のカルチャー「オールド・ボーイズ・ネットワーク」では、男同士の絆が大切にされる。そして公式な会議より、非公式な飲み会や喫煙室などでのコミュニケーションの中で、重要な案件が決まることも多いという（内永 2007）。つまり、家庭でのケア役割を負わない人（多くの場合は男性）は飲み会に気軽に参加でき、このネットワークを通してさまざまな情報が伝わって活躍できるが、ケア役割を負うために参加できない人（多くの場合は女性）には伝わらない[5]。そのため、オールド・ボーイズ・ネットワークという文化が残る職場では、仕事を優先して長時間「男並みに」働ける人は評価されるが、「いずれは妊娠・出産してケア役割を一手に引き受ける（可能性のある）存在」である女性は、マミートラック[6]など、男性とは異なるキャリアコースに誘われる危険性がある（中野 2014）。

　大学は教育・研究機関であり、研究者という専門職が中心となって運営されているために、企業とは異なる特殊な職場として考えられがちである。確かに一般の会社員・公務員とは異なり、研究者は教育・研究・大学運営といった幅広い仕事をしていかなければならない[7]。しかし筆者は、大学という職場について考察する際にも、日本社会におけるジェンダー規範を前提に考えていく必要があると考える。なぜなら、職場においてその働き方が認められるかどうかの判断基準は、社会常識に左右されるからである。特に日本のようにジェンダーギャップが大きい社会では、その影響は大きい。それは大学の研究者という専門職でも、例外ではない。

5　そして、それはケアを担う男性も同様である。
6　「マミートラック」とは、「出産後の女性社員の配属される職域が限定されたり、昇進・昇格にはあまり縁のないキャリアコースに固定されたりすること」（中野 2014：86）。
7　研究者の裁量労働制という働き方を、定まった勤務時間で働く大学職員と比較して、研究者という職種の特殊性として取りあげられることがある。しかし2019年現在、企業で働く会社員の24.6%が裁量労働制で働いており（厚生労働省 2021）、もはや裁量労働制は特殊な働き方とはいえない。

3．日本の女性研究者の現状

　日本の女性研究者比率は、先進国の中でもかなり低い。組織において意思決定に影響力をもてるのは、構成人員の30％を占めてからといわれているが[8]（カンター 1977＝1995）、図1−1のとおり、欧米諸国の女性比率がほぼ30％を達成しているのに対して、日本の16.9％（2020年）という数値はまだ遠く及ばない[9]。

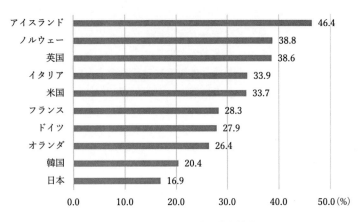

図1−1　主要国の女性研究者比率

①総務省「科学技術研究調査」（2020年）、OECD "Main Science and Technology Indicators" 米国国立科学財団（National Science Foundation：NSF）"Science and Engineering Indicators" より筆者作成。
②日本の数値は、2020年3月31日現在の値。アイスランド、米国、フランス、ドイツ及びオランダは2017年値、その他の国は、2018年値。推定値及び暫定値を含む。

　女性研究者は全体の数だけでなく、各職位における比率も低い。EUおよび日本における研究者の職階別の女性比率をみると（図1−2）、EUでは大学の入学・卒業時には女性の方が多いが、大学院で男性が多くなり、職位が上がるにしたがってその差が開いていく「はさみの図」（小川 2012）となっている。一方で、日本では大学入学時から男性の方が多く、職位が上がるにつれてその差がさらに開く「箸の図」（小川 2012）となる。男女比率が一度も交わらない

8　たとえ組織内での女性比率30％を達成しても、女性が補助的な役割にとどまることなく意志決定に関わることが重要である（関 2018）。
9　これらの数値には、大学だけでなく、研究機関や企業の研究者を含む。

日本では、各職位における男女差はEUに比べて大きい。では、この男女差を縮め、ジェンダー平等を進めるために必要なことは何だろうか。

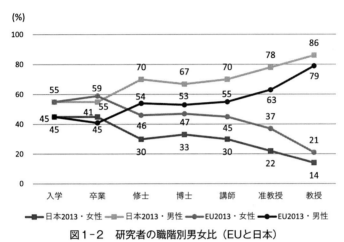

図1-2　研究者の職階別男女比（EUと日本）
（文科省 2013、2014、European Union 2016より筆者作成）

　そこで、理工系研究者を調査対象とした「第4回　科学技術系専門職の男女共同参画実態調査」（男女共同参画学協会連絡会 2017a）をみていきたい。この調査結果では、男女共同参画のために今後必要なこととして、男女ともに多くの研究者が、「女性／男性の意識改革」や「男性の家事、育児への参加の増大」に加えて、「育児・介護支援策などの拡充」と「多様な勤務体系の拡充」という職場環境整備を指摘している。このことから、研究者におけるジェンダー平等を進めるためには、職場の環境整備が必要とされていることがわかる。では大学という職場では、どのような環境整備が行われてきたのだろうか。まずは、文科省が推進してきた女性研究者支援政策についてみていく。

4．日本の大学における女性研究者支援施策
（1）文科省による女性研究者支援政策
　日本政府は、2005年に「男女共同参画基本計画（第2次）」へ新たな取り組みを要する分野として、「科学技術」を加えた。そこでは、自然科学系全体の女性の採用目標を25%と定め、女性研究者の採用機会などの確保や勤務環境の充実が明記された（内閣府 2005b）。つづく2006年の「第3期科学技術基本計画」

にも、大学や研究機関などにおける研究と出産・育児などの両立支援を規定し、国が他のモデルとなるような環境整備や意識改革の取り組みに対して支援などを行うことが明記された（内閣府 2006）。これらの計画にもとづいて、文科省は女性研究者支援事業を始めた（図1-3）[10]。

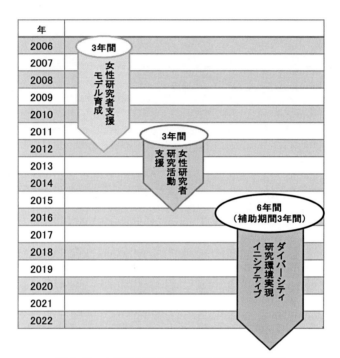

図1-3　女性研究者支援に関する文科省補助事業

　まず2006年に、科学技術振興調整費として新たに「女性研究者支援モデル育成」が設けられ[11]、女性研究者が研究と出産・育児などを両立し、研究活動を

---

10 文科省の女性研究者支援事業としては、女性研究者支援モデル育成のステップアップ事業である「女性研究者養成システム加速」（5年間）があった。これは理学系・工学系・農学系の女性研究者の採用を促すために、その採用に関わる資金を提供する事業を2009年より始めたが、2回だけ募集・採択して終了した。その後、後継事業も作られなかったため、本章では考察から外した。
11 科学技術振興調整費は、総合科学技術会議の方針に沿って科学技術の振興に必要な重要事項の総合推進調整を行うための経費として文科省に予算配分されていたが、民主党政権時の事業仕分けによって2010年に廃止された。そのため女性研究者支援モデル事業は、その後は科学技術人材育成費補助事業として運営されている。

継続するための大学などの取り組みを支援した。対象は「自然科学全般又は自然科学と人文・社会科学との融合領域」であり、主に理工系の女性研究者が支援対象となった。その後、採択機関（大学や研究機関など）は国公立大学を中心に、毎年10機関前後、増えていった。

　女性研究者支援モデル育成の後継事業として2011年に始まったのが、科学技術人材育成費補助事業（以下、「補助事業」）「女性研究者研究活動支援」である。その目的は「女性研究者がその能力を最大限発揮できるとともに、出産、子育て又は介護（ライフイベント）と研究を両立するための環境整備を行う取組を支援すること」であり、それまでの理工系の女性研究者に加えて、他分野の女性研究者と「配偶者が大学などの研究者である男性研究者」も支援対象となった。2013年からは従来の取り組みを「一般型」とし、それに加えて新たに、大学や研究機関、企業などが連携し、女性研究者の研究力向上のための取り組み及び上位職への積極登用に向けた取り組みを支援する「拠点型（2014年は「連携型」）」も導入された。

　その後、2015年からは「ダイバーシティ研究環境実現イニシアティブ（以下、「ダイバーシティ事業」）」が実施されている。一般型の後継として「特色型」が、拠点型（連携型）の後継として「連携型（2016年からは「牽引型」）」が設定された[12]。ダイバーシティ事業がこれまでの補助事業と大きく異なる点は、そのプロジェクト期間である。それまでの補助事業のプロジェクト期間が3年間であったのに対して、ダイバーシティ事業では6年間に設定された。しかし、そのうち補助金の交付期間（以下、「補助期間」）は、これまでと同様に3年間に限定され、残りの3年間は採択機関の自主経費で運営することが求められている[13]。これは、それまでの採択機関の中に、補助期間終了と同時に女性研究者支援事業を終了する機関が見受けられたため、補助期間終了後も継続するよう、

---

[12] 「特色型」は2017年、「牽引型」は2020年をもって新規募集を終了した。2022年は、分野や研究機関の研究特性や課題などについて分析し、その分析結果を踏まえた目標を掲げ、研究効率の向上を図りつつ、女性研究者の活躍を促進する取り組み「特性対応型」と、教授・准教授などの上位職への女性研究者の登用を推進するため、挑戦的・野心的な数値目標を掲げ、独自のアイデアで総力をあげる取り組み「女性リーダー育成型」が、新たに採択された。このうち「女性リーダー育成型」は2022年に新設された応募枠であり、プロジェクト期間6年間のうち、補助期間を5年間と定めている。

[13] 2015年のダイバーシティ事業の公募要領には「改めて審査・評価の上、当初目標に対して優れた成果をあげているものであって、補助期間を延長することによって更なる発展・成果が期待できるものについては、更に1年間に限り補助金を交付することがありえます」（p.4）とあったが、実際に交付されることはなかった。

各採択機関に確約させるための方策だと考えられる[14]。

　このように支援対象と事業内容を少しずつ変えながら、文科省による女性研究者支援政策は、男女共同参画政策および科学技術人材育成政策の一環として続けられてきた。この間に、採択機関は国公立大学を中心に106機関に増え、その範囲は45都道府県とほぼ日本全国に及ぶ（2022年10月現在）。

　これらの補助事業の採択機関が行った主な支援事業は、1）女性研究者に対する支援体制及び相談体制の確立、2）研究者が研究とライフイベント（妊娠・出産・子育て・介護など）を両立するために必要な研究支援者の配置（研究支援員派遣制度）、3）時短勤務などの柔軟な勤務体制の確立、4）組織の構成員や幹部などを対象とした女性研究者の採用・昇進などに関する意識啓発活動、5）次世代育成のための女子学生向けキャリアパス支援などである（文科省2015）。具体的な事業内容は、各採択機関がその特色や状況に合わせて実施しているため多少は異なるが、前述の1）女性研究者支援体制及び相談体制の確立、2）研究支援員派遣制度、4）組織の構成員や幹部などを対象とした意識啓発活動は、共通して実施されている。

　このような女性研究者支援政策の大きな成果は、女性研究者数の増加と離職者数の減少だといわれる（文科省 2015a）。大学における女性研究者比率は、文科省の女性研究者支援政策が始まった2006年には11.9%であったのが、2020年には16.9%と、5.0ポイント増えている（内閣府 2021）。文科省（2015a）は、これは女性研究者支援政策の採択機関が全国に広がっていくことによって、女性研究者が働き続けやすい職場環境が整ってきた成果だという。先に確認したように、女性比率16.9%というのは国際的にみればまだまだ低い数値ではあるが、それでも日本は、研究者のジェンダー平等に向けた一歩を踏み出せているといえるだろう。

(2) 男女共同参画学協会連絡会による働きかけ

　文科省による女性研究者支援政策に大きな影響を与えた団体に、男女共同参画学協会連絡会がある。これは、学会活動における男女共同参画の実現を目指し、応用物理学会、日本化学会、日本物理学会などが中心となって理工学系学

---

[14] それまでの補助事業においても、補助期間終了後も各機関で自主的に事業を継続することが採択の条件になっていたのだが、実際は補助期間終了（または事後評価終了）と同時に女性研究者支援事業を終了する、または縮小して形だけ残す機関が少なからずあった。

協会に呼びかけ、2002年に31学協会（うち正式加盟18、オブザーバー加盟13）が参加して発足したものである（小舘 2015）。その後2020年に一般社団法人となり、2022年現在は120学協会が加盟している（うち正式加盟54、オブザーバー加盟66）（男女共同参画学協会連絡会 2022）。

　男女共同参画学協会連絡会が2003年に行った、「21世紀の多様化する科学技術研究者の理想像——男女共同参画推進のために」と題した調査は、文科省の平成15年度委託事業として行われたもので、39の学協会の会員を対象としてアンケート調査が実施され、分析結果は2004年に報告書として文科省へ提出された（男女共同参画学協会連絡会 2022）。この調査によって、研究者・技術者のワーク・ライフ・バランスや職場環境の課題が浮き彫りになり、子育て支援と研究助成の必要性を訴えた提言が『平成17年版　男女共同参画白書』のコラム「自然科学系の学協会による研究者・技術者の実態調査」として掲載された。ここでは具体的な課題として、職位の推移にいずれの所属機関でもすべての年齢層で有意な男女格差が存在すること、研究者などが年間に使用する研究開発費の平均額についても男女の差があること、男女共同参画推進のために必要なこととして，仕事と家庭の両立に必要な休業を取得しやすい環境づくりなどが提言された（内閣府 2005a）。そして、これらの提言は、2006年に始まる「女性研究者支援モデル育成」などの新たな政策につながったのである（小舘 2015）。男女共同参画学協会連絡会の調査は、その後も4〜5年おきに「科学技術系専門職の男女共同参画実態調査（大規模アンケート）」として継続されている。

　この活動成果を受けて、理工学系から15年遅れて2017年に、人文社会科学系学協会男女共同参画推進連絡会（Gender Equality Association for Humanities and Social Sciences。略称「GEAHSS」）が発足した。人文社会科学系学協会男女共同参画推進連絡会も、男女共同参画学協会連絡会と同様に、人文社会科学分野での若手・女性研究者支援とともに、人文社会系の学術の発展を目指すため、学協会におけるジェンダー平等に関するグッド・プラクティス（好事例）の共有、学協会におけるジェンダー統計に関する調査・公表・分析、シンポジウムの開催などを行っている。そのうち、「人文社会科学系研究者の男女共同参画実態調査（第1回）」で明らかとなった課題について、内閣府に要望した。具体的な課題としては、国の計画に人文社会科学系の女性割合の目標値を明示すること、人文社会科学系も視野に入れた女性研究者支援事業の拡充すること、教育機関や研究機関におけるライフイベントと仕事の両立に向けた支援の拡

充、男女共同参画ないしジェンダー平等をめざした学問分野の構築などである。この結果、「第6期科学技術・イノベーション基本計画」に、大学における女性研究者の新規採用割合の2025年度までの数値目標として、理学系 20％、工学系 15％、農学系30％とともに、人文科学系 45％、社会科学系 30％が明記された。このように、理工系および人文社会学系の学協会連絡会が研究者・技術者の男女共同参画を実現するために国に働きかけることが、女性研究者支援にかかわる政策に大きく影響を与えている[15]。

5．日本の女性研究者支援政策にみられるジェンダー規範

　文科省の女性研究者支援政策は、国際的にはまだ低いとはいえ、着実に日本の女性研究者を増やしてきた。それでは、研究者のジェンダー平等を目指すこの政策には、どのようなジェンダー規範がみられるだろうか。それを検討するため、この政策における男性研究者の扱いについてみていきたい。

　先にみたように、2006年から実施された「女性研究者支援モデル育成」では、理工系の女性研究者だけが支援対象であった。男性研究者も支援対象になったのは、その後の2011年に始まった「女性研究者研究活動支援」であるが、当初は「配偶者が大学等の研究者である男性研究者」に限定されていた。それが、男女問わず、研究者の研究とライフイベントの両立支援をするようになったのは、2013年のことである。日本政府において、「仕事と生活の調和（ワーク・ライフ・バランス）憲章」が策定されたのが2007年、父親支援策「イクメンプロジェクト」が始まったのが2010年であるのと比較すると、研究者支援において男性研究者も支援対象になった時期が遅いことは否めない。

　最初に確認したように、日本社会においては、いまだ子育てなどケアの性別役割分業が根強い。そのため、ケアを担いがちな女性に対して、まず支援の手を差し伸べることは必要なことである。しかし一方で、支援対象に男性を含めず女性に限定することは、「女性＝ケアを抱える存在」とみなすことにもつながる。その点、一般的な社会の動きよりは遅いとはいえ、文科省の女性研究者

---

15 理工系の男女共同参画学協会連絡会の加盟学協会では、学協会ごとに男女共同参画推進委員会を作り、学会大会でセミナーやシンポジウムを開催するなど、各学協会内での啓発活動も行われている。他方、人文社会科学系学協会男女共同参画推進連絡会の加盟学協会では、まだそのような啓発活動を行うところは少ない。研究者は、所属している機関が女性研究者支援事業を行っていない場合、学協会が研究者支援に関する貴重な情報源となることから、人文社会科学系の各学協会においても、ジェンダー平等実現のための推進委員会などが必要ではないだろうか。

支援政策において男性研究者も支援対象となったことは、研究者におけるジェンダー平等に向けた動きとして評価できる。

　しかし、女性研究者支援政策による影響は、ケアを抱えた男性研究者にまで届いた一方で、ケアを抱えていない研究者の働き方を変えるまでには至っていない。内閣府の「仕事と生活の調和（ワーク・ライフ・バランス）憲章」では、「仕事と生活の調和が実現した社会」とは、「国民一人ひとりがやりがいや充実感を感じながら働き、仕事上の責任を果たすとともに、家庭や地域生活などにおいても、子育て期、中高年期といった人生の各段階に応じて多様な生き方が選択・実現できる社会」だとされている。つまり、その人の性別やケアを抱えているかどうかに関わらず、仕事と家庭生活や地域活動などとの調和がとれる生活を送れるようになることが、ワーク・ライフ・バランス支援として大切である。その点、文科省の女性研究者支援政策は、研究者のジェンダー平等のためのワーク・ライフ・バランス支援施策としては、いまだ不十分だといえる。

　では、その政策は大学において、どのような影響を与えているだろうか。次章では、その一例として、筆者が関わってきた大阪府立大学における女性研究者支援事業について具体的にみていく。

第2章　大阪府立大学における研究者のワーク・ライフ・バランス支援とジェンダー規範

1．はじめに

　本章では、現代日本の大学における研究者のワーク・ライフ・バランス支援について、ジェンダー規範に注目して考察する。ここでは大学の一例として、大阪府立大学における女性研究者支援事業[1]（以下、「支援事業」）の実績や、2017年に大阪府立大学にて実施した教職員調査のデータを使用する。また、筆者が2010年の女性研究者支援センター立ち上げ当初から、大阪府立大学の支援事業に関わっていることから、前述のデータに加え、筆者の支援現場での経験もふまえて考察していく。

　本章で取りあげるデータは、日本の中の一大学のものにすぎない。しかし後に詳述するように、大阪府立大学は中規模の総合大学であり、研究者へのワーク・ライフ・バランス支援を開始して10年以上経っていることから、大阪府立大学における研究者のワーク・ライフ・バランス支援とジェンダー規範について考察することは、国内の他大学にも参考になるだろう。

2．大阪府立大学における研究者支援

(1) 大阪府立大学の概要と女性研究者支援事業

　大阪府立大学は2021年現在、教職員645名、学生数7,724名、4学域・7研究科・3機構を擁する、工学などの理系を中心とした中規模の総合大学である。研究者（専任教員）の女性比率は20.5%であり、全国の大学の研究者における女性比率の平均26.4%（文科省 2021）より6ポイント低い。職階別の女性比率をみると、講師で4ポイント上回っているものの、そのグラフの形は全国の平均値と同じ「箸の図」（小川 2012）となっている（図2-1）。つまり、男女比率が一度も交わらず、各職位における男女差は大きい。

---

[1] 2022年4月の大学統合に伴い、大阪府立大学女性研究者支援センターは、大阪市立大学女性研究者支援室と統合し、大阪公立大学女性研究者支援室となった。なお、大阪府立大学女性研究者支援センターで行っていた支援事業は、ほぼそのまま大阪公立大学女性研究者支援室に引き継がれている。

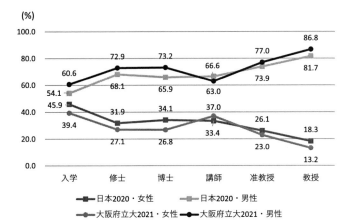

図2-1　研究者の職階別男女比（日本の全国平均と大阪府立大学）
（文科省2021、大阪府立大学2021より筆者作成）

表2-1　大阪府立大学　女性研究者支援センターのあゆみ

年	月	できごと
2010年	1月	女性研究者支援ワーキンググループ立ち上げ、「大阪府立大学における多様な人材活用推進の基本方針」策定
	5月	文部科学省科学技術振興調整費「女性研究者支援モデル育成」に採択（「元気！活き生き女性研究者・公立大学モデル」2010年度〜2012年度）
	6月	女性研究者支援センター設立
2011年	4月	つばさ保育園（中百舌鳥キャンパス）開園、理系女子大学院生チームIRIS（アイリス）発足
2013年	4月	大学の自主事業として継続するのに伴い、研究支援員派遣制度の支援対象を全学および男性研究者にも拡大
	5月	「大阪府立大学男女共同参画宣言」策定
2015年	7月	文部科学省科学技術人材育成費補助事業「ダイバーシティ研究環境実現イニシアティブ（特色型）」に採択（2015年度〜2020年度）
	10月	10月 ダイバーシティ研究環境研究所を設立（女性研究者支援センターも継続）
2017年	6月	女性研究者支援プログラムの初代プログラムオフィサー田間泰子教授が「男女共同参画社会づくり功労者 内閣総理大臣表彰」受賞
2018年	4月	女性研究者支援事業の事務局を女性研究者支援センターに統一（支援事業についての研究機関として、ダイバーシティ研究環境研究所も継続）
	5月	女性研究者支援センターが、大阪府「2018年度憲法記念日知事表彰」受賞
	9月	理系女子大学院生チーム「IRIS（アイリス）」が「澤柳政太郎記念 東北大学男女共同参画奨励賞」受賞
2021年	3月	大阪府立大学女性研究者支援センターとしての業務を終了
2022年	4月	大阪公立大学女性研究者支援室として業務開始

　大阪府立大学の支援事業は、2010年に文科省の「女性研究者支援モデル育成」に申請し、採択されたことを契機に始まった（表2-1）。女性研究者支援センターの設立の経緯および各支援事業がどのように実施されるようになったかについては後述するが、第1章でみた文科省による補助事業の変遷に沿いながら、大阪府立大学の理念や研究者のニーズに合わせて発展している。

　大阪府立大学の支援事業の特徴としては、男女共同参画推進ではなく、科学技術人材育成施策として位置づけていることがあげられる。女性研究者支援モデル育成への申請に先んじて定めた「大阪府立大学多様な人材活用推進の基本方針」には、「若手研究者や外国人研究者、女性研究者がそれぞれの能力を最大限に発揮できるよう」（大阪府立大学 2010、傍点は筆者による）とあり、女性研究者を若手研究者や外国人研究者と同様に「多様な人材」の一つと位置づけていることがわかる。最上位委員会として、科学技術人材育成ステアリング委員会が組織されているが、これはテニュアトラックやポスドク支援などの若手研究者支援事業と共に運営され、支援事業も科学技術人材育成施策の一つとして議論されている（図2-2）。

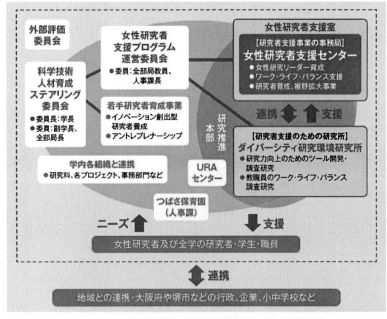

図2-2　大阪府立大学 女性研究者支援センター体制図

　2021年現在の大阪府立大学における支援事業は、大きく分けると「Ⅰ　環境整備」「Ⅱ　研究支援」「Ⅲ　研究者育成」の三つとなる（表2-2）。女性研究者支援センターのあゆみ（表2-1）に沿って、各事業がどのように実施されてきたか、簡単に振り返ってみたい。

　大阪府立大学が女性研究者支援センターを立ち上げたのは、2010年である。文科省補助事業「女性研究者支援モデル育成」（第1章参照）の方針にしたがって、最初は理工系の女性研究者のみを対象として支援を始めた。そして、支援事業についてセミナーなどを通じて学内外に周知しながら、相談窓口の設置や研究支援員派遣制度などの個別支援も開始した（表2-2の事業2.〜5.）。翌年の2011年には、事業所内保育施設「つばさ保育園」を開園し、理系女子大学院生チームIRISの活動も開始した（表2-2の事業6.と9.）。

　女性研究者支援モデル終了後の2013年からは、大学の自主事業として支援事業は継続された。その際に、研究支援員派遣制度の支援対象を理工系の女性研究者から全学の男女研究者へと広げるなど、全学を対象とする支援事業に展開していく。さらに2015年には文科省補助事業「ダイバーシティ研究環境実現イニシアティブ（特色型）」（第1章参照）に採択され、新たにダイバーシティ研

表2-2　大阪府立大学の支援事業（2021年現在）

	事業	内容
Ⅰ環境整備	1. 女性研究者増加のための取組	女性研究者研究環境整備計画の策定（各研究科）、女性研究者研究環境整備制度
	2. 意識改革	シンポジウムやロールモデル・セミナー、ロールモデル・カフェ、ダイバーシティ推進セミナー等の開催
	3. 相談窓口	支援センター相談、メンター相談、女性研究者への個別ヒアリングの実施
	4. 委員会運営	科学技術人材育成ステアリング委員会、女性研究者支援プログラム運営委員会、外部評価委員会の開催
	5. 研究支援員派遣	妊娠・出産・育児・介護で研究時間の確保が難しい研究者に対して、研究を補助する支援員を配置
	6. 事業所内保育施設	つばさ保育園の運営（人事課）
Ⅱ研究支援	7. スキルアップ支援プログラム	外部資金獲得や英語論文作成など、研究者のスキル向上のためのセミナーの実施
	8. 研究実践力強化支援プログラム（RESPECT）	女性の研究リーダー育成のため、公開審査会での研究プレゼンテーションによって採択者を決定し、研究費を付与
Ⅲ研究者育成	9. 理系女子大学院生チームIRIS（アイリス）	小中高校生を対象とした実験教室等の企画・運営を行ってサイエンス・コミュニケーションのスキルを磨くことによって、女性研究者・技術者を育成
その他		公立大学として大阪府内の行政機関や研究所などとのネットワークを構築

究環境研究所を設立して事業を拡充した（表2-2の事業1.と7.8.）。「ダイバーシティ研究環境実現イニシアティブ（特色型）」の補助期間終了後は、事務局を女性研究者支援センターに一元化したが、実施する事業数は減らさず、2021年現在も大学の自主事業として継続している。

3. 大阪府立大学における研究者のワーク・ライフ・バランスとジェンダー規範

(1) 調査概要

次に、独自に行ったアンケート調査をもとに、研究者のワーク・ライフ・バランスとジェンダー規範の関連についてみていきたい。本章で用いる調査データは、2017年に、筆者が大阪府立大学ダイバーシティ研究環境研究所および女性研究者支援センターと共同で行った「大阪府立大学　教職員支援のためのワーク・ライフ・バランス調査」である[2]。対象は大阪府立大学に勤務する教職員、配布数2,192、回答数607（回答率50.1%）である。このうち本章では、子育て期の研究者のワーク・ライフ・バランスとジェンダー規範を考察するため、義務教育期間にあたる15歳以下の子どもをもつ教員に限定した。

(2) 仮説

第1章でみてきたように、日本社会における職場のジェンダー規範は、オールド・ボーイズ・ネットワークなど、仕事を優先して長時間「男並みに」働ける人は評価され、「いずれは妊娠・出産してケア役割を一手に引き受ける（可能性のある）存在」である女性は評価されにくい。

これに対して、大学における研究者は、上司からの評価というより「（客観的な）研究業績で評価される」という点では、日本の職場にみられるジェンダー規範から自由であるようにみえる。しかし、研究業績を出すためには、研究に専念する時間が必要である。研究者が1日24時間のうち、どこまで研究時間として使えるかは、子育てなどの家庭での役割・責任をどこまで抱えるか／抱えないかにかかってくる。

内閣府（2019）「令和元年度男女共同参画社会に関する世論調査」によると、「夫は外で働き、妻は家庭を守るべきである」という考え方に「賛成」「どちらかといえば賛成」と答えた人の合計は女性31.1%、男性39.4%、「反対」「どちらかといえば反対」の合計は女性63.4%、男性55.6%で、女性の方が性別役割分業

2　本調査は、大阪府立大学研究推進機構倫理委員会にて承認を得ている。

に否定的である。このような男女差は、研究者という専門職であっても、みられるのではないか。そして、その違いは遊びや世話などの子育て遂行にも関連しているのではないか。そこで本章では、研究者の性別と、ジェンダー意識や子育て行為の関連について考察する。

(3) 仮説

　まず、性別により子育て遂行度が異なるかどうか（子育てにおける性別役割分業）を検討するため、仮説1を立てる。

　仮説1　女性の方が、より子育てに関わっている。

　次に、性別により性別役割分業に対する意識（以下、「ジェンダー意識」）が異なるかどうかを検討するため、仮説2を立てる。

　仮説2　女性の方が、ジェンダー意識に否定的である。

　さらに、ジェンダー意識が子育て遂行に与える影響について、仮説3を立てる。

　仮説3　男性は、ジェンダー意識に否定的な方が、子育てをより行う[3]。

(4) データと変数

　調査データのうち、15歳以下の子どもがいる教員のデータを使用する。1日の平均労働時間が6時間未満と短い者、および16時間以上と極端に長い者も、分析対象から除外した。サンプルサイズは73人（うち女性23人。男性50人）である。変数は以下のとおり。

　子育て遂行度　「子どもの身の回りの世話」（以下、「世話」）と「子どもと遊ぶこと」（以下、「遊び」）の頻度について、「ほぼ毎日（週6－7日）」を6.5日、「1週間に4－5回」を4.5回、1週間に2－3回」を2.5回、「週に1回くらい」を1回、「ほとんど行わない」を0回として分析する。

3　女性研究者についても「女性は、ジェンダー意識に肯定的な方が、子育てをより行う」という仮説が考えられるが、後述するように、本調査では対象となる女性研究者数が23人と少なかったため、今回は男性研究者についてのみ検討する。

　ジェンダー意識　「男性は外で働き、女性は家庭を守るべきである」（以下、「性別役割分業意識」）、「子どもが3歳くらいまでは、母親は仕事をもたず育児に専念すべきだ」（以下、「母親子育て意識」）、「家族を（経済的に）養うのは男性の役割だ」（以下、「男性稼ぎ手意識」）という考え方について、「そう思う」から「そう思わない」までの回答にそれぞれ4-1点を与え、得点が高くなるほど、その意識が高い価値観を表す尺度とする。

　性別　女性を1、男性を0とするダミー変数を用いる。

　統制変数として、分換算した「労働時間」と、年齢を用いる。

　分析に使用した各変数の基本統計量は、表2-3のとおりである。年齢は25歳〜55歳と幅広く、平均は43.0歳である。子育て遂行度の平均をみると、遊びは週3.9回、世話は週4.2回であり、どちらも週の半分程度となっている。また、1日の労働時間の平均は9時間13分である。

表2-3　変数の基本統計量

	平均値	標準偏差	最小値	最大値
遊び	3.92	2.43	0	6.5
世話	4.15	2.57	0	6.5
性別役割分業意識	1.69	.76	1	4
母親子育て意識	1.94	.99	1	4
男性稼ぎ手意識	1.86	.93	1	4
労働時間（分）	552.68	97.72	360	900
年齢	42.95	6.45	25	55

　変数の相関は、表2-4のとおりである。有意な負の相関を示しているのは、「遊び」と「労働時間」「年齢」「女性ダミー」、「世話」と「労働時間」「女性ダミー」であり、「遊び」も「世話」も「労働時間」や「女性ダミー」と強い相関を示している。またジェンダー意識については、「性別役割分業意識」と「母親子育て意識」が「女性ダミー」と有意な負の相関を示しているが、「遊び」や「世話」との相関はみられない。

表2-4　変数の相関

	遊び	世話	女性ダミー
性別役割分業意識	−.124	−.103	−.369**
母親子育て意識	−.130	−.216	−.294**
男性稼ぎ手意識	−.109	−.084	−.218
労働時間（分）	−.476**	−.548**	−.351**
年齢	−.277*	−.220	−
女性ダミー	.335**	.451**	−

*p<0.05, **p<0.01

（5）分析結果と考察

表2-5　性別と「世話」の関連（教員）

(行%)

	ほとんど行わない	週に1回くらい	1週間に2-3回	1週間に4-5回	ほぼ毎日	合計	N
女性	4.3	4.3	17.4	8.7	65.2	100.0	23
男性	6.0	28.0	24.0	12.0	30.0	100.0	50
合計	5.5	20.5	21.9	11.0	41.1	100.0	73

独立性の カイ2乗検定	カイ2乗値9.593　有意確率0.048

　まず、仮説1について検証する。

　性別と「遊び」および「世話」との関連についてクロス集計を行ったところ、どちらも有意な関連を示したが、研究者にとってより日々の負担が大きく、仕事との両立に影響する「世話」についての結果を表2-5に示す。これをみると、女性研究者の65.2%が「ほぼ毎日」であるのに対して、男性研究者も「ほぼ毎日」が30.0%と一番多いものの、「週に1回くらい」が28.0%、「1週間に2-3回」が24.0%と、女性研究者と比較して幅広い。よって、女性の方がより子育てに関わっているという仮説1は支持された。だが一方で、女性研究者にも「ほとんど行わない」が4.3%（1人）、「週に1回くらい」が4.3%（1人）いることも注目に値する。

表2-6　性別と「世話」の関連（15歳以下の子どもがいる職員）

(行%)

	ほとんど行わない	週に1回くらい	1週間に2-3回	1週間に4-5回	ほぼ毎日	合計	N
女性	0.0	2.4	2.4	4.9	90.2	100.0	41
男性	20.0	20.0	26.7	6.7	26.7	100.0	15
合計	5.4	7.1	8.9	5.4	73.2	100.0	56
独立性のカイ2乗検定			カイ2乗値26.290　有意確率0.000				

　この結果を、同調査における職員の場合（表2-6）と比較する。女性職員の9割以上が「ほぼ毎日」であるのに対して、女性研究者の「世話」への関わり方は「ほぼ毎日」が6割以上とはいえ、幅広い。他方、男性職員の「世話」への関わり方は「ほぼ毎日」が26.7%であり、男性研究者の30.0%とあまり大きく変わらないが、一方で男性職員の「ほとんど行わない」が20.0%と男性研究者の3倍以上となっており、男性職員の方が男性研究者よりも関わり方の幅は広い。したがって、教員・職員ともに「世話」への性差が大きいといえるが、教員と職員という職種の違いにより、その性差に違いがあることがわかる。

表2-7　性別と性別役割分業意識の関連

(行%)

	そう思う	どちらかといえばそう思う	どちらかといえばそう思わない	そう思わない	合計	N
女性	0.0	0.0	27.3	72.7	100.0	22
男性	0.0	26.0	36.0	38.0	100.0	50
合計	0.0	18.1	33.3	48.6	100.0	72
独立性のカイ2乗検定			カイ2乗値9.859　有意確率0.007			

　次に、仮説2について検証する。性別とジェンダー意識の関連についてクロス集計を行ったところ、有意な関連を示したのは「性別役割分業意識」のみであり、「母親子育て意識」と「男性稼ぎ手意識」は有意な関連がみられなかった。そのため、ここでは性別と「性別役割分業意識」の関連についてみていく。
　表2-7をみると、男女ともに「性別役割分業意識」（「男性は外で働き，女性は家庭を守るべきである」）を「そう思う」と答えた人はいなかった。女性は「どちらかといえばそう思う」という人もおらず、「そう思わない」のが

72.7%、「どちらかといえばそう思う」と合わせると100.0%となり、「性別役割分業意識」に反対する人しかいない。男性は、「そう思わない」「どちらかといえばそう思う」を合わせると81.9%と多数を占めるものの、「どちらかといえばそう思う」も2割弱あり、女性に比べるとまだ性別役割分業をある程度肯定する人がいることが確認できる。

　これらの結果から、女性の方がジェンダー意識に否定的であるという仮説2は、「性別役割分業意識」については支持されたが、「母親子育て意識」と「男性稼ぎ手意識」については支持されなかった。

表2-8　男性研究者の子育て遂行度を従属変数とした重回帰分析結果

	遊び β	世話 β
性別役割分業意識	.190	−.081
母親子育て意識	.260	.474
男性稼ぎ手意識	−.421	−.440
労働時間	−.013***	−.013**
年齢	−.069	−.071
N	49	49
F 値	3.857**	3.360*
調整済 R^2	.229	.197

*p<0.05，**p<0.01，***p<0.001

　次に、仮説3を検証するために行った、男性研究者の子育て遂行度を従属変数とした重回帰分析の結果は、表2-8のとおりである。

　「遊び」との関係で有意な影響を示した項目は「労働時間」のみであり、負の影響を示したが、ジェンダー意識（「性別役割分業意識」「男性稼ぎ手意識」「母親子育て意識」）については、有意な影響はみられなかった。また、「世話」についても「労働時間」のみが負の影響を示し、こちらもジェンダー意識については有意な影響はみられなかった。

　これらの結果から、男性はジェンダー意識に否定的な方が子育てをより行うという仮説3は、支持されなかった。

（6）結論

　本章では、大阪府立大学における研究者のワーク・ライフ・バランスの現状

について、ジェンダー規範に注目して考察した。これらの結果から、下記の2点が明らかになった。

　第一に、女性研究者は性別役割分業に完全に否定的であった。一方で男性研究者は、性別役割分業に否定的な人が8割以上と多数を占めたが、やや肯定的な人も2割弱いる。内閣府（2019）の「男女共同参画社会に関する世論調査」によると、男性の4割弱が性別役割分業を肯定している。これと比較すると、本章で分析対象とした男性研究者は、一般の人よりもかなりリベラルな意識をもっているといえる。しかし、性別役割分業に賛成する人が全くいない女性研究者とは、大きな差がある。

　第二に、研究者のもつジェンダー意識と子育て遂行度に関連はみられなかったが、女性の方が男性よりも世話をする傾向が確認できた。職員と比較すると、その性差は大きくないとはいえ、性別に関係なく活躍できるはずの研究者という専門職であっても、第1章でみた日本社会における「女性がケア責任と役割を担う」というジェンダー規範に影響を受けていることが示唆される。

4．研究者のワーク・ライフ・バランス支援の課題とは：大阪府立大学の事例から

　本章での分析と考察により、大阪府立大学の研究者におけるジェンダー意識と子育て遂行度の関連が明らかとなった。研究者という専門職自体は、性別に関係なく活躍できる職種である。しかし、子育てという家庭責任と役割が女性に偏っている現状から、引き続き、女性研究者への手厚いワーク・ライフ・バランス支援が必要だ。他方、男女ともに研究者の子育て遂行度の幅が広いことから、ワーク・ライフ・バランス支援は研究者の性別により一律に手厚くするのではなく、性別に関わらず、各研究者が子育てというケアにどのくらい・どのような形で関わっているかを個別に考慮し、各研究者のニーズに合わせたワーク・ライフ・バランス支援が必要であることがわかった。

　そのため、全学的な支援制度をつくり、研究者が平等に使える環境を整えるのと同時に、各研究者のニーズに合わせたワーク・ライフ・バランス支援を提供する仕組みを構築することが重要である。実際に、大阪府立大学の研究支援員派遣制度では、全部局の男女研究者[4]を対象とした制度を整えるとともに、申請書の各項目の記載内容により支援必要度を点数化した上で個別に面談を行

4　大阪府立大学における研究支援員派遣制度の支援対象者は、専任教員（テニュアトラック教員など任期付きを含む）。

い、審査会にて各研究者の支援必要度と予算のバランスをみて、各研究者への配分を決定している[5]。このような審査方法はかなり時間と手間を要するが、きめ細やかな支援を行うことにより、支援を受ける研究者が研究業績を上げて活躍するとともに、研究者が安心して働ける環境を整えることで、退職防止につながることが期待できる[6]。

　今回の調査では子育て遂行度に関連するような項目を他に設けていなかったため、女性研究者自身はジェンダー意識には否定的であるにもかかわらず、「世話」により関わる要因が不明であった。研究者は専門職として、論文数などの研究業績で評価される。個人のもつ能力に、性別は関係ない。そういう世界で活躍してきたからこそ、今回の調査結果でみられたように、研究者自身は固定的なジェンダー意識をもちにくいのかもしれない。しかし、子育て遂行に性別の影響がみられたことから、なんらかのジェンダー規範が関連していると考えられる。これについては、今後、女性研究者へのインタビュー調査などで明らかにする必要があるだろう。

　なお、本研究のデータは一大学における限定的なものであり、サンプルサイズが小さいため、この結果を一般化することはできない。さらに、理系／文系や、実験がある／ないなどの研究分野の違いによる影響[7]などについても検討できていないことは今後の課題である。これについては、学協会連絡会などが行っている全国の研究者を対象とする調査を二次分析するなどして、明らかにしていきたい。

　また今回は、子育て中の研究者に限定して分析した。だが実際に、研究者が性別に関わらず子育てに関わろうとする時には、その周りの、職場にいる人たちからの影響も無視できない。たとえば、父親が保育所へのお迎えのために就業時間終了後の会議をしないようにするためには、上司や同僚がその状況に理解を示し、会議の時間を調整する必要がある（巽 2018a）。

　他に、今回はジェンダー意識からの子育て遂行度という行動への影響をみてきたが、逆に行動からのジェンダー意識への影響も確認する必要がある。巽

5　この審査方法は、2022年以降、大阪公立大学の研究者支援員派遣制度にも引き継がれている。
6　実際に大阪府立大学では、ダイバーシティ研究環境実現イニシアティブ（特色型）のプロジェクト期間（2015年度〜2020年度）に、理系部局（工学・生命環境科学・理学系研究科）において自主退職した女性専任教員はいなかった。
7　実験が必要な研究分野の場合、実験室での勤務がかなり必要となるため、勤務場所が限定される。このような勤務時間および場所の限定は、研究者のワーク・ライフ・バランスに大きな影響を与える。

（2021）は、第4回全国家族調査（NFRJ18）のデータにおける父親の子育て遂行とジェンダー意識との関連を分析し、父親の世話という行為が「子育ては母親がするもの」というジェンダー意識を変えていける可能性を示唆している。大学が実施するワーク・ライフ・バランス支援制度によって、男性研究者の子育てという行動が変わり、それが自身のジェンダー意識を変化させるのであれば、支援事業が大学におけるジェンダー平等に貢献できる可能性がさらに広がっていく。

コラム1　男性研究者への支援の視点「マジョリティの中のマイノリティ」

　第2章では研究者における男女差について指摘したが、ここでは男性研究者に対象を絞って、子育てなどのケアを抱えた男性研究者への支援の視点について考えてみたい。その一例として、大阪府立大学における研究支援員派遣制度（以下、「支援員制度」）の利用状況をみていく。

　支援員制度は、妊娠・出産・育児・介護などのケアを担った研究者に支援員を配置することで、研究時間を確保するための支援策である。研究者の仕事には大きく分けて、授業や学生指導などの「教育」と、委員会などの会議や入試業務などの「大学運営」、そして研究がある。研究者の多くは、「教育」と「大学運営」と自分のケア役割や責任との両立は（なんとか）している。しかしその分、自分の研究時間が削られてしまい、おろそかになりがちである。したがって、研究者が研究者として活躍するためには、「ワーク（教育と大学運営）・ワーク（研究）・ライフ・バランス支援」が必要となる（図コラム1-1）。そのための支援が、この支援員制度である。

ワーク（教育・大学運営）	ワーク（研究）	ライフ（家庭）
・学生指導、授業 ・大学運営（委員会、会議、 　入試業務等）　など	・調査 ・実験 ・論文執筆 ・学会活動　など	・家事 ・子育て ・介護 ・地域活動　など

図コラム1-1　研究者のワーク・ワーク・ライフ・バランス

　第2章で確認したとおり、大阪府立大学における支援員制度は、2010年の開始当初は支援対象を理工系の女性研究者だけとしていたが、2013年からは全学の男女研究者へと広げた。ここでは、男女ともに支援対象となった、2013年以降の利用者数

の推移を確認する（図コラム1-2）。2013年に12人だった利用者数は年々増え、7年後の2020年には約4倍の46人になっている。このことから、大阪府立大学の研究者の中に、妊娠・出産・育児・介護などのケアに関わり、研究支援員が必要な者が増えていることがわかる。また男女別の利用者数をみると、どの年も女性の方が多いが男性も徐々に増えており、ケアには女性だけでなく男性も関わるようになり、研究支援員が必要な男性研究者が増えてきていることがわかる。

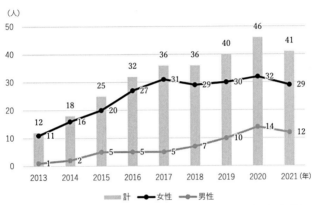

図コラム1-2　大阪府立大学における支援員制度利用者数（男女別）

　次に、支援員制度の各性別における利用率をみたのが図コラム1-3である。これをみると、2016年以降は女性研究者のうち2割以上が支援員事業を利用しているのに対し、男性研究者は一番多い2020年でも2.7％にすぎない。さらに二つの図を比較すると、女性研究者は実人数が上がるにしたがって利用率も同じような形で上がっていくが、男性研究者は実人数が増えても利用率はあまり伸びない。それは、大阪府立大学の男性研究者が79.5％（2021年現在）とマジョリティ（多数派）で、母数が多いからである。そのため利用者数が1桁台で増えても、男性研究者全体の中では利用者はほんの一部にすぎない。

　これらから、男性研究者には、男性というマジョリティであるがゆえの問題がみえてくる。支援員制度の利用者のようにケアを抱える男性研究者は、男性研究者全体の中でみれば、まだまだ少ない。つまり、「マジョリティの中のマイノリティ」となっている。「男性は家族の主な（または唯一の）稼ぎ手であるべき」という〈一家の稼ぎ主という男らしさ〉が現代の日本社会に根強く残っていることは、第1章で確認したとおりである（田中2009、巽2018a）。それは、大学という職場も例外ではない。

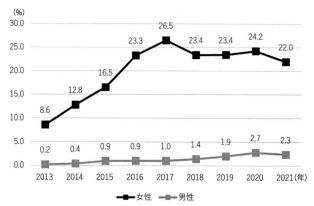

図コラム1-3 大阪府立大学における支援員制度利用率（男女別）

大阪府立大学の各職階における男女差は大きい。特に大学運営の意志決定に関わる教授職での差は男性84%に対し女性16%と大きいため、そこでは無意識のうちに「オールド・ボーイズ・ネットワーク」に代表されるような、男同士の絆が大切にされる場面も多くなってしまうことが予想される。

　巽（2018a）におけるインタビュー調査では、父親が子育てのために家庭にいる時間を伸ばすには、父親の働き方を変えていく必要があることがわかっている。そして、父親の働き方を変えられるかどうかには、職場における〈一家の稼ぎ主という男らしさ〉の強さが影響している。強固な〈一家の稼ぎ主という男らしさ〉がある職場では、父親は男性であるがために、女性よりもさらに「男並みに働くこと」が要求されていて、父親自身が子育てしていることを表明しにくくなっていた。したがってケアを抱える男性研究者は、男性の中では自身が少数派であるがゆえに、職場の〈一家の稼ぎ主という男らしさ〉に配慮してしまい、自分がケアを抱えていることを表明しにくくなっているかもしれない[i]。

　大学という職場をジェンダー平等にしていくためには、社会におけるケアのジェンダーギャップを埋めるべくケア役割と責任を抱えがちな女性に手厚く支援するとともに、ケアを抱える男性は「マジョリティの中のマイノリティ」であり、「男性＝ケアを抱えない存在」とみなされがちだと理解する必要がある。

　男性の育児休業取得の議論でもよく指摘されることであるが、制度として支援対象

---

i　たとえば、保育園に子どもを預けて送迎しているにもかかわらず、支援員制度に申請しない男性研究者も少なからずいる。また、夕方からの会議開催について「（男性なので）保育園のお迎えのため、早く帰りたいとは言いにくい」との声もある。

に含めたとしても、実際に男性もそれを使えるかどうかは、職場の周りの人たち（上司、同僚など）から承認を得られるかどうかにかかっている。まずは、ケアを抱える男性の存在を「見える化」することが重要だと考える。ケアを抱える男性を「見える化」することは、マジョリティである男性が、ケアを「女性問題」ではなく男性にも起こりうる「自分ごと」として考える契機となる[ii]。

　次に、「女性＝ケアをする存在／男性＝ケアを抱えない存在」というジェンダー規範に関わるアンコンシャス・バイアスに、職場全体で自覚的になることが大切である。「アンコンシャス・バイアス」とは、育つ環境や所属する集団のなかで知らず知らずのうちに内面化する既成概念や固定観念のことで、誰もが潜在的にもっているバイアスを指す。バイアスは、色々な場面での判断規準になっているため、個人の中から完全に取り除くことは難しい。ただ、そのバイアスが差別や偏見につながることがあるため、すべての人が自身のもつバイアスの傾向を自覚する必要がある（男女共同参画学協会連絡会 2017b）。たとえば、「子どもが小さい頃は、親が側にいた方がいい」という場合に、その「親」が「母親」限定になっていないだろうか。「子どもが生まれたら、男性は一家の大黒柱として、さらに稼ぐ必要がある」と思い込んでいないだろうか。そして、そのような自分のもつジェンダー・バイアスを、周りにも押しつけていないだろうか。

　ケアを抱える男性がそのことを表明しやすくなる職場環境をつくり、そのニーズへの支援体制を整えていくことは、大学という職場のジェンダー・バイアスを変革し、性別に関わりなく誰もが働き続けやすい・活躍できる職場環境の実現につながるだろう。

---

ii 女性研究者の配偶者の約半分は男性研究者であるため（男女共同参画学協会連絡会 2017a）、男性研究者がケアに関わることは、女性研究者のワーク・ライフ・バランスを考えていく上でも重要である。

第Ⅱ部
大学の研究者支援を支える
専門職としてのコーディネーター

第3章　大学のジェンダー平等を推進するコーディネーターという専門職

1．はじめに

　大学の男女共同参画推進コーディネーター（以下、「コーディネーター」）は、URA（University Research Administrator）と同様に、2000年代に大学に現れた新しい職業の一つである。コーディネーターは、大学における男女共同参画推進の現場の推進役となるため、どのような専門性やスキルをもつ人がなるかによって、その大学の男女共同参画の推進に大きな差が出てくる。にも関わらず、コーディネーターという職業の役割、およびそれに必要な専門性については、巽（2018b）を除いて、議論されたことはない。そのため、コーディネーターへの役割期待は大学によってさまざまであり、どのようなスキルや専門性をもつコーディネーターを募集し、採用するかということに、その大学の男女共同参画推進施策への意気込みが表れているともいえる。

　第1章で確認したとおり、文科省が女性研究者支援施策として2006年度に始めた、科学技術人材育成費補助事業[1]（以下、「補助事業」）「女性研究者支援モデル育成」は、2011年には「女性研究者研究活動支援」、2015年以降は「ダイバーシティ研究環境実現イニシアティブ」と形を変えながら続いている。この補助事業は、子育て期の女性研究者の離職者数を顕著に減少するなど成果をあげており（文科省 2015a）、大学における男女共同参画推進施策の要である。そしてコーディネーターという職業は、この補助事業と同時に誕生し、育ってきた。

　他方、社会学の専門性のあり方が問われる中で、「社会学を基盤にした専門職」についての議論がある（樫田 2010、江原 2016、日本社会学会社会学教育委員会 2016など）。樫田（2010）は社会学に期待される新しいニーズの一つとして、保健医療福祉分野の専門職教育をあげる。在宅医療現場などでは、専門家である医者の「医療の論理」と、患者の「生活の論理」の対立が起こることを指摘

---

[1]　当初は科学技術振興調整費であったが、事業仕分けによって科学技術人材育成費補助事業となった（第1章参照）。

した上で、これらを折衷・調整するプロセスに、個人の「生活の論理」へ配慮する社会学が貢献できる可能性を示唆する。また江原（2016）は、対人支援職として相談業務などに携わる卒業生が、ヒアリングの技術など社会学で培ったスキルを活かしている現状から、「社会学を基盤にした専門職」として、社会調査士以外に、社会学系ソーシャルワーカーあるいは臨床社会支援士などの資格を創出することを提案する。はたして男女共同参画推進に関して、社会学の専門性を活かした専門職が成り立つのだろうか。

　これを議論するために本章では、コーディネーターに注目する。その理由は第一に、江原（2016）が対人支援職に役立つ社会学の視点としてあげる「個人が抱えるさまざまな生活上の問題を社会構造や社会関係と重ね合わせて考える」ことは、コーディネーター業務にも活かせるものであるため、コーディネーターは「社会学を基盤にした専門職[2]」になり得る可能性があること。第二に、筆者が社会学とジェンダー論の研究者であり、大阪府立大学の女性研究者支援事業に10年以上携わってきたコーディネーターでもあることから、その経験を活かしてリアリティのある議論ができることである。

　コーディネーターは専門職となり得るのか。また、そうなるためには、何が必要なのだろうか。そこで本章では、大学における男女共同参画施策について文科省の補助事業を中心にふりかえった上で、コーディネーターの役割と専門性、およびコーディネーターが「社会学を基盤にした専門職」であるために必要なことについて議論する。

　本章の構成は以下のとおりである。まず第2節で文科省の補助事業を中心として展開されてきた、大学における男女共同参画推進施策の中でうまれたコーディネーターの役割をみていく。次に第3節で、コーディネーターに必要な専門性について、同じ対人支援職であるソーシャルワーカーやカウンセラーの役割と対比させながら議論する。第4節では日本における専門職の扱われ方について、専門職の代表とされる医師や看護師の例をみた上で、日本の企業文化の中での専門職の位置づけを確認し、コーディネーターが大学において専門職として承認されるために何が必要かを議論する。最後に議論をまとめ、コーディネーターが専門職として発展していくための課題と可能性を示したい。

2　本書でいう「社会学を基盤にする」とは、「個人的な問題をその背後にある社会的背景や政策、規範からみる」という社会学的な視点をもつことを意味し、社会学者でなければならないことを指してはいない。

２．大学における男女共同参画推進施策とコーディネーター

　本節では、文科省による補助事業を中心とした、大学における男女共同参画推進施策について簡単にふりかえった後、大学における男女共同参画推進施策を現場で推進する、「コーディネーター」という職について示す。

(1) 文科省による女性研究者支援事業としての男女共同参画推進施策

　文科省は2006年度に補助事業「女性研究者支援モデル育成」を開始し、2011年度には「女性研究者研究活動支援」に、2015年度以降は「ダイバーシティ研究環境実現イニシアティブ」と形を変えながら続いている（第１章参照）。2022年現在、実施されている「ダイバーシティ研究環境実現イニシアティブ」は、研究環境のダイバーシティ（多様性）を高め、優れた研究成果の創出につなげることを目的としている。

　これらの補助事業には、2006年度に北海道大学、京都大学、お茶の水女子大学など10機関が採択され、それ以降、毎年度10機関前後が採択されてきた。補助事業の採択機関数は、2022年10月現在で106機関にのぼり[3]、その内訳は、国立大学が約６割、私立大学が約２割、公立大学と大学以外の研究機関が約１割ずつとなっている。採択機関は、申請にあたって女性研究者の採用や昇任などについての数値目標を立てており、補助期間終了後に、事業成果についてJSTの評価委員会から評価を受ける[4]。そのため採択機関は、補助期間中に女性研究者の採用や昇任を推進するため、男女共同参画についての啓発セミナーの開催や、女性研究者を支援するための研究支援員派遣制度などの新たな制度の構築など、環境整備や支援体制の整備を行う。したがって補助事業の実施によって、日本にも、女性研究者が仕事や研究を継続できる大学や研究機関が増えてきているといえるだろう。

　この女性研究者支援事業の現場の推進役として、大学に新たに誕生したのが「コーディネーター」という職業である。では、このコーディネーターとは、どのような職業なのだろうか。

3　ここでは、採択機関の総数を示す。ちなみに、重複して採択されている機関があるため、毎年度の採択機関数の合計と、採択機関数の総数は異なる。
4　評価委員会は、大学や企業の識者およびJSTのプログラムオフィサー、約10名で構成されている。なお、「女性研究者養成システム改革加速」は５年、「ダイバーシティ研究環境実現イニシアティブ」は６年と事業期間が長いため、３年度目に中間評価も実施される。

(2) コーディネーターという職業

　コーディネーターの職位は、大学によって教員や職員とバラつきがあるが、ポスドクなど若手研究者のキャリアパスの一つになっている。コーディネーターに就く研究者の研究分野はさまざまであり、「女性研究者支援モデル育成」が始まった初期の頃は、理系分野の支援ということで、コーディネーター自身も理系分野出身者が多くみられた。しかしその後は、ジェンダー論や社会学など社会科学分野の出身者も増えており、男女共同参画推進室などのコーディネーター募集時に、「男女共同参画に関する事業に意欲と関心がある」や「ジェンダー論・男女共同参画分野の研究業績を有すること」を応募資格としているところもある。

　コーディネーターが関わる大学の男女共同参画推進事業は、多岐にわたる。たとえば、筆者がコーディネーターを務めた大阪府立大学の女性研究者支援センターでは、大きく分けると「Ⅰ 環境整備」「Ⅱ 研究者支援」「Ⅲ 研究者育成」を三つの柱とする事業を行っていた（第2章、表2−2参照）。「Ⅰ 環境整備」としては、大学執行部や各部局（研究科）と連携して行う女性研究者増加のための取り組みや、意識改革のためのセミナー開催、相談窓口の運営、各種委員会の運営などを行った。次に「Ⅱ 研究者支援」としては、子育てや介護などのライフイベント中の研究者に研究の補助者を配置する研究支援員派遣、科研費などの外部資金獲得や英語論文作成などについてのスキルアップ支援プログラム、学内の女性研究者限定の競争的研究費制度である研究実践力強化支援プログラム（RESPECT）を実施した。そして「Ⅲ 研究者育成」としては、理系女子大学院生チームIRIS（アイリス）の組織化・運営を行った。

　コーディネーターはこれらすべての事業に関わり、時には自らも事業を担当しながら、各事業の進捗状況を管理し、事務局のマネジメントも行う。つまり、コーディネーターはプレイングマネージャー、いうなれば「現場監督」である。コーディネーターには、ネットワーク構築も重要な業務の一つである。それは大学内に留まらず、女性研究者の活躍の場を広げるために、学外の企業や行政などと繋がっていくことも必要となる。このネットワーク構築は、大学の女性研究者支援事業の認知度を上げて評価してもらい、組織に根づかせていくためにも欠かせない業務である。

　コーディネーターの役割をまとめると「研究者のライフイベントおよびワーク・ライフ・バランスに配慮した研究環境の整備や研究力向上のための取り組み、女性研究者の積極採用や上位職への積極登用に向けたスキルアップおよび

キャリアアップ支援などを進め、そのために必要な制度やネットワークを構築すること」であり、大学における男女共同参画推進に関わる幅広い業務に携わる必要がある。それは時に、研究者支援として研究活動に関する知識や経験が必要となり、また時には、大学のシステム改革として新しい制度や仕組みを創造し、それを遂行するために、大学執行部や職員と協働していくことも必要となる。したがってコーディネーターには、大学の執行部および教員と職員の間に立ち、両方の立場や仕事の内容、働き方の違いなどを理解し調整しながら、男女共同参画を推進していくことが求められる。

　このようにコーディネーターの業務は多岐に渡る上、その遂行の際には組織運営や相談対応などのスキルも必要であり、後述するとおり、社会学的視点やジェンダー視点にもとづいた専門性も必要となってくる。だが、コーディネーターのほとんどは非常勤雇用である。JSTは補助期間終了後もコーディネーターを継続雇用するよう、補助事業の各採択機関に働きかけており、近年は「コーディネーターのキャリアパスへの配慮」を補助事業の評価項目に含めるようになってきている。しかしそれでも、コーディネーターを常勤として雇用する大学は、まだかなり限られる[5]。

3．コーディネーターに必要な専門性とは

　コーディネーターの専門性については、巽（2018b）を除いて、これまで議論されたことはない。そのため、コーディネーターへの役割期待は大学によってバラバラで、採用後に雇用側の大学と被雇用側のコーディネーターの間でミスマッチングも起こっている。

　そこで本節では、前節でみたコーディネーターの具体的な役割にもとづき、それに必要な専門性について、コーディネーターと同様に対人支援の専門職であるソーシャルワーカーやカウンセラーとの違いから浮き彫りにしていきたい。

（1）コーディネーターとソーシャルワーカー、カウンセラーの役割

　コーディネーターの役割は、大学によって若干の違いはあるが、前述のとおり「研究者のライフイベントおよびワーク・ライフ・バランスに配慮した研究

---

[5] 宮崎大学や高知大学、群馬大学のように、コーディネーターを常勤教職員として雇用する例も出てきているが、これらはいまだ「先進的な事例」となっている。

環境の整備や研究力向上のための取り組み、女性研究者の積極採用や上位職への積極登用に向けたスキルアップおよびキャリアアップ支援などを進め、そのために必要な制度やネットワークを構築すること」だといえる。江原（2016）は社会学の専門知識を活かせる対人支援の専門職として、カウンセラーとソーシャルワーカーをあげている。このことから、前述したコーディネーターの役割と、ソーシャルワーカーおよびカウンセラーの役割を比較してみたい。

　江原（2016）は、カウンセラーとソーシャルワーカーでは、ソーシャルワーカーの方がコーディネーターに近いという。ソーシャルワーカーのうち国家資格として認められているのは、社会福祉士と介護福祉士、精神保健福祉士である。このうち社会福祉士は、「専門的知識及び技術をもって、身体上もしくは精神上の障害があること、または環境上の理由により日常生活を営むのに支障がある者の福祉に関する相談に応じ、助言、指導、福祉サービスを提供する者又は医師その他の保健医療サービスを提供する者その他の関係者との連絡及び調整その他の援助を行うことを業とする者」（「社会福祉士及び介護福祉士法」（昭和62年法律第30号）第2条）とされる。

　これらの役割のうち、「相談に応じて助言する」「関係者との連絡及び調整その他の援助を行う」点はコーディネーターと同じだが、支援対象を「障害者や日常生活に支障がある者」に限定していることと、支援対象者に対して「指導を行う」点が異なる。先述したとおり、コーディネーターの多くは非常勤教職員という不安定な立場であり、支援対象者となる常勤教員（研究者）に対して弱い立場にあるため、自分の知識や経験から「助言する」ことはできても「指導する」ことは難しい。

　次に、もう一つの対人支援職であるカウンセラーと比較する。カウンセラーにも臨床心理士という資格[6]があるが、ここでは、男女共同参画推進に欠かせないジェンダー視点を重視する「フェミニストカウンセラー」に注目する。フェミニストカウンセラーとは、「女性のための、女性による」フェミニストカウンセリングを行う者を指す。フェミニストカウンセリングは伝統的なカウンセリングと異なり、「女性の生き難さは個人の問題ではなく、社会の問題である」というフェミニズムの視点をもって、それぞれの女性の問題解決をサポートするものである（日本フェミニストカウンセリング学会 2018）。フェミニストカウンセラーの具体的な役割は、「クライエントが生活する社会におけるジェン

6　2017年には、厚生労働省による国家資格として「公認心理師」ができた。

ダー役割や社会規範などを考慮しながら、クライエントの個人的な悩みや困難
を政治的・社会的文脈から読み解く共同作業に着手し、クライエントが自己探
求し、自己洞察し、自己変革を遂げることによって問題解決を目指すこと」で
あるという（井上 2010）。

　これらの役割のうち、支援対象者の「ジェンダー役割や社会規範などを考慮
しながら」相談に応じる点はコーディネーターと同じだが、「個人的な悩みや
困難を政治的・社会的文脈から読み解く共同作業に着手」し、支援対象者が「自
己探求し、自己洞察し、自己変革を遂げることによって問題解決を目指す」点
が異なる。コーディネーターの役割は、支援対象者の個人的なことを深く掘り
下げることではなく、どちらかといえば、ソーシャルワーカー的に実際の支援
に繋げていくことが重要となる。ただし、フェミニストカウンセラーと同様に、
支援対象者が生活する社会（職場／家庭など）にどのようなジェンダー規範が
あるかをみるジェンダー視点と、支援対象者の「個人的な悩みや困難」だと思
われがちなワーク・ライフ・バランスなどの問題を、政治的・社会的文脈から
読み解いていく社会学的視点は、コーディネーターにとっても重要である。

(2) コーディネーターの専門性：社会学との関連

　江原（2016）は、対人支援職が社会学を学んで役立つこととして、「個人が
抱えるさまざまな生活上の問題を社会構造や社会関係と重ね合わせて考えると
いう社会学の視点、人びとの行動や考え方には立場によって大きな違いがある
ことを理解し人の行動を多様な視点から理解することの重要性、諸問題をさま
ざまな資源および資源に関する情報の提供や社会関係調整などで改善していく
手法、さらにそうした相談援助の基礎になる人々の話を的確に聞き誰にでも伝
わるような文書等に記述していくヒアリングの技術等」（江原 2016：318）を
あげる。確かに、コーディネーターが研究者個人に対して支援する場合は、「個
人が抱えるさまざまな生活上の問題を社会構造や社会関係と重ね合わせて考え
るという社会学の視点、人びとの行動や考え方には立場によって大きな違いが
あることを理解し人の行動を多様な視点から理解する」ことや「人々の話を的
確に聞き誰にでも伝わるような文書等に記述していくヒアリングの技術等」が
必要であるし、大学組織のシステム改革の際には、「諸問題をさまざまな資源
および資源に関する情報の提供や社会関係調整などで改善していく手法」が必
要となってくる。これに加えて筆者は、「大学の置かれた状況を、政策や社会
背景、国際的なトレンド（ジェンダー平等やグローバル化など）から理解し、

対人支援のための大学組織のシステム改革に役立てられる」点も強調したい。

　上記の点もふまえて、コーディネーターと社会福祉士、フェミニストカウンセラーの役割について比較したものを、表3-1に示す。これまでみてきた各支援職の役割を端的にいうと、社会福祉士は「（障害者などの）日常生活に困っている個人への支援」、フェミニストカウンセラーは「（ジェンダー視点をもって行う）クライエント個人への支援」だといえる。これに対してコーディネーターは、「研究者個人への支援」に加えて、その支援に必要な制度やネットワークを構築する「大学組織のシステム改革」も、その役割に含まれる点が、社会福祉士とフェミニストカウンセラーとは異なる。

表3-1　対人支援職の役割概要

コーディネーター	社会福祉士 （『社会福祉士および介護福祉士法』）	フェミニストカウンセラー （井上 2010）
研究者個人への支援＋ 大学組織のシステム改革	日常生活に困っている 個人への支援	クライエント個人への支援
研究者のライフイベントおよびワーク・ライフ・バランスに配慮した研究環境の整備や研究力向上のための取り組み、女性研究者の積極採用や上位職への積極登用に向けたスキルアップおよびキャリアアップ支援などを進め、そのために必要な制度やネットワークを構築する	身体上もしくは精神上の障害がある人、または環境上の理由により日常生活を営むのに支障がある人に対して、福祉に関する相談に応じ、助言、指導、福祉サービスを提供する。また医師その他の保健医療サービスとの連絡および調整その他の援助を行う	クライエントが生活する社会におけるジェンダー役割や社会規範などを考慮しながら、クライエントの個人的な悩みや困難を政治的・社会的文脈から読み解く共同作業に着手し、クライエントが自己探求し、自己洞察し、自己変革を遂げることによって問題解決を目指す

　そして、男女共同参画を推進するコーディネーターにとって、社会学的視点と共に重要になってくるのが「ジェンダー視点」である。ここで社会学的視点と別にジェンダー視点をあげるのは、現在の日本の社会学でジェンダー視点が徹底されているのかという疑問があるからである。

　国際学会と比較して気づくのは、社会学におけるジェンダー論の取扱いの違いである。日本の社会学の学会大会では、ジェンダー論は一つの分科会として、他の研究テーマと別に取り扱われることが多い。他方、世界社会学会議（International Sociological Association. 以下、「ISA」）に、ジェンダー論に特化したResearch Committeesは見当たらない。その代わり、大会のセッションのテーマ設定の中にジェンダー視点が入っている。たとえば、2018年にカナダ・トロントで開催されたISAの世界社会学会議では、RC06 Family Researchが開

催するセッションの一つのテーマが "Strengthening Working Families in Western and Non-Western Societies: Effective Policies and Programs" であり、その中には直接「ジェンダー（gender）」の文字はない。しかし、そのテーマ設定の説明文には、"Research also indicates that <u>gender is a primary factor</u> in implementing policies and programs related to work-family reconciliation" とあり、ジェンダー視点が研究の基盤となっていることがわかる。

　日本では、男女共同参画に関わる社会学の論文でさえ、ジェンダー視点に欠ける場合がある。たとえば『社会学評論』（日本社会学会）に掲載された坂無（2015）は、「地方国立大学における大学教員の研究業績の男女差が、性別によるものであるかどうかを明らかにすること」をリサーチクエスチョンとしている。この論文で扱うデータには男女の標本数に大きな差があるが（男性236人に対して女性38人）、その点は問題とされていない。また、婚姻や育児状況などの家族面の要因について「サンプル数の違い、両立困難を抱えた人はすでに退出している可能性」（坂無 2015：605）を指摘していながら、「家族面の要因というよりは、分野や出張日数など仕事要因が論文数を規定する部分が大きいと考える」（坂無 2015：605）と結論づけている。

　大学に採用された時点で同等の能力があると認められたはずの大学教員（研究者）に対して、その後の研究業績の差の要因が本質的な「性別」ではないかというリサーチクエスチョン自体、ジェンダーが社会的に構築されたものだという視点が欠けている。またここでは先行研究として、社会学の「属性」と「業績」研究をあげているが、これは社会学としては正しい議論なのだろう。一方で、ジェンダー論の先行研究が取りあげられることはなく、女性支援の中で訴えられてきた「日本社会のジェンダー秩序にもとづいた性別役割分業によって、女性が男性よりも家庭責任が重いために不利になっている現状」については、触れられていない。そのため、当該論文の考察において、ジェンダー視点が活かされているとはいえない[7]。

　このように残念ながら、社会学的視点に必ずしもジェンダー視点が含まれない日本の現状では、社会学的視点と別に、ジェンダー視点も必要だといわざるをえない。

---

[7] ただし坂無（2014）も、考察結果から研究業績に影響が強いことがわかった、出張日数を増やすための方策を提言する際に、「女性研究者はパートナーとの別居が他職種より多く、子育て責任は女性に偏る傾向がある」（坂無 2014：606）ことは指摘している。

　日本IBMのJapan Women's Council（以下、「JWC」）の調査によると、社内の女性のキャリアアップ阻害要因は、「将来像が見えない」「仕事と家事・育児のバランス」「オールド・ボーイズ・ネットワークの問題」の三つに大別されるという。企業においてマイノリティである女性は、男性と異なり身近にロールモデルがいないため、5年後・10年後の自分が想像できず、将来のキャリアに不安を抱くことが多い。また妊娠・出産に伴う産休・育休や子育ては、どうしても時間が制約されるため、仕事とのバランスをとるのが難しい（内永 2007）。

　JWCのようなジェンダー視点に立つ調査結果は、企業だけでなく、大学にとっても示唆に富むものであり、コーディネーターが実際に男女共同参画を進めていく上で重要な道しるべとなる。そのためコーディネーターには、社会学的な視点と同時に、ジェンダー視点が絶対に欠かせない。

　このようにコーディネーターには、「個人への支援」と「組織の改革」というソーシャルワーカーやカウンセラーとは異なる役割があり、そこには社会学的視点およびジェンダー視点にもとづいた専門性が必要である。では、このような専門性をもっていることが、コーディネーターを専門職としてみなす根拠となり得るのだろうか。

4．コーディネーターは専門職になり得るのか？

　前節では社会学的視点が対人支援に役立つ点をみてきたが、江原（2016）は、社会学の知識や技術が、専門的知識としてはほとんど評価されていないことも指摘している。では、その専門性が評価され、専門職として承認されるためには、何が必要なのだろうか。

　専門職の代表格にあげられるのが医師である。現在では、その養成課程も国家試験制度も確立しているが、初めからそうではなかった。橋本（1992）によると、明治政府の近代化政策の一環として、規制がなく身分も低かった「旧医（漢方医）」体制から近代的な医師制度（「新医」）になる過程では、国家による資格試験の実施、およびそれに伴う専門職養成課程について、さまざまな変遷があった。それは、医師としての資質向上を伴う資格試験制度の確立によって、医師を近代的な専門職集団とし、その身分的統合を図る過程であった。この医師が専門職として確立していく過程をみると、専門職として承認されるためには「養成課程」と「資格試験」の確立が重要であることがわかる。

　それに加えて、就職先や開業可能性などの、いわゆる「出口」のあり方も重要である。たとえ養成課程や資格試験が専門性を培う難しいものであっても、

その後に出口がなければ専門職として成り立たない。したがって専門職であるためには、専門性を培う「養成課程」と、専門性を証明する「資格試験」に加えて、収入を伴う「身分保障」が必要だと考える。

　そこで本節では、コーディネーターが専門職として成立するために必要な条件について議論する。まず、専門性が必要な対人支援職のうち、女性が多い場合の専門職のあり方についてみていく。次に、そもそも日本の企業文化の中で、専門職が成立するのかという点について議論し、社会学的視点およびジェンダー視点にもとづいた専門性をもつコーディネーターが、専門職になり得るのかについて考察する。

(1) 女性と専門職

　専門性が必要な対人支援職であり、その養成課程や資格試験が確立されていても、女性が多い職業は「準専門職」として扱われがちである[8]。

　たとえば看護師は国家資格が必要であり、国家試験を受けるためには、一定要件の専門教育を受けていることが要求される。医師と看護師は同じ医療の現場で働く専門職ながら、2016年の女性比率は、看護師が92.7％[9]なのに対して医師は21.1％と、看護師の方が圧倒的に高い（厚生労働省 2017a、2017b）。そして、看護師は医師の指示の元に働く「準専門職」だとみなされるため、医師と比較すると、その社会的地位は低い。

　コーディネーターもほぼ女性である。女性が多い理由としては、次の二つが考えられる。第一に、大学側が採用時に「男女共同参画を担う存在＝女性」というバイアスがかかることである。またそれは、支援対象者が女性研究者であることが多いため、支援者も女性の方がよいだろうという気遣いでもある。第二に、これまで日本ではジェンダー論が女性学として学ばれることが多かったため、応募資格として示される「男女共同参画に関する事業に意欲と関心がある方」に当てはまる人が女性である確率が高い[10]。

---

[8]　天野（1972）はA・エチオーニの定義を参照し、「半（あるいは準）専門職」を「完全専門職（医師や法律家）の地位への要求が十分に確立されず、まだそれが十分に期待されていない一群の新専門職」だと定義している。その上で、「半専門職は、「半」専門職であるがゆえに女性の職業であり、女性を主とする職業であるゆえに『半』専門職となる」（天野 1972：30-31）と指摘し、女性が多い職業が専門職化の過程の中で「完全専門職」と区別されてしまうことを指摘している。

[9]　就業看護師の女性比率。同年の准看護師の女性比率は93.1％。

[10]　ジェンダー論の研究者にとって、ポスドクとしての就職先は理系に比べてかなり少なく、大学で働くことができるコーディネーターは貴重なポジションである。

　コーディネーターだけでなく、男女共同参画推進室長や女性研究者支援事業のプログラムオフィサーなどとして関わる兼任教員も、女性であるケースが多い。そのため女性研究者支援事業は、「女性による、女性のための支援事業」とみられがちであり、男性に関係のない女性問題として扱われる可能性も高い。これを避けるためには、学長をはじめとする大学執行部の男性が積極的に係わり、女性研究者支援事業を大学の人材育成マネジメントの一環として位置づけることが肝要である。そしてその中に、キーパーソンとしてコーディネーターを置くことが、コーディネーターが専門職として承認される第一歩になるだろう。

(2) 日本の企業文化（メンバーシップ契約）と大学における専門職

　しかし、そもそも日本の企業文化の中で、専門職が成立するのかという疑問もある。

　Connell（2005など）の男性性研究をふまえた先行研究によると、戦後日本の代表的な男らしさ「サラリーマン（Salaryman Masculinity）」は1990年頃まで男性の生き方の標準であった。「サラリーマン」は「マン」とあるとおり男性を表しており、「中間層でホワイトカラーの会社員・公務員の男性像[11]」である（多賀編 2011など）。具体的には、「家事や子育ては妻に任せ、長期安定雇用と年功序列賃金に守られながら定年まで同じ組織で長時間労働に励み、一家の稼ぎ主としての役割に専念する男性」（多賀 2011）を指す。その後、経済不況を背景とした長期安定雇用や年功序列賃金の崩壊によって揺らいできているが、「男性は家族の主な（または唯一の）稼ぎ手であるべき」という、「一家の稼ぎ主」規範としては根強く残っている（田中 2009、多賀 2011）。

　このような「サラリーマン」の背景の一つに、「メンバーシップ契約」としての雇用契約がある。濱口（2011）によると、これは日本独特の企業文化であり、具体的な職務を定めず、企業内のメンバーシップの維持が最重要視されるものだという。濱口は、このメンバーシップ契約によって日本における雇用の

11　戦後日本の大企業の雇用制度では、ブルーカラーも長期安定雇用・年功序列賃金・企業福祉を獲得するなどホワイトカラーと処遇上の平等化を進めていたが、そこにはホワイトカラーとの間に解消しえない障壁があったという（木本 2002）。この点から、ブルーカラーは、自分の生き方の理想像としてホワイトカラー並みの中間層を目指したと考えられる。そのため本書では、「サラリーマン（Salaryman Masculinity）」を「中間層でホワイトカラーの会社員・公務員の男性像」と定義する。

三種の神器（長期安定雇用・年功序列賃金・企業別組合）が可能になったとする。他方、欧米や他のアジア社会では、職務（ジョブ）ごとに労働者を採用し従事させる「ジョブ契約」がとられ、各自の職務の内容・範囲・責任が明確となっている。これに対してメンバーシップ契約では、具体的な職務を定めないまま、職場のメンバーに承認されるような働き方を求められる。

　このメンバーシップ契約の中では、専門性をもつ者（スペシャリスト）よりも、なんでもできるゼネラリストが求められる。1973年のオイルショック後の不況の中で、企業福祉が強化される代わりに、長期雇用を擁護するために配置転換・出向・転籍というハードな人事異動が行われるようになった（木本 1995、2006）。現在では人手不足のため、地域限定社員などの試みもされているが、総合職として昇進しようという者は、転勤も含めた人事異動を受けざるを得ないような状況に変わりはない。そしてこのような状況の中で評価されるのは、専門職よりも、どのような部署でも仕事ができる、汎用性のあるゼネラリストなのである。

　日本においては、大学という職場も状況は同じではないだろうか。アメリカの大学では、研究・教育・大学運営の区分が明確で、分業することで効率化を図っているという。大学の教員（研究者）でしかできない仕事と、大学の教員以外でもできる仕事を分けて、後者は助手・秘書・学生アルバイトなどでまかなう。これにより、できるだけ教員の研究環境を良くし、研究の成果が出せるよう、研究時間を確保することを優先させる（小野 2013）。これに対して日本では、研究・教育・大学運営の区分があいまいで、教員は本来の役割である教育と研究だけでなく、大学運営のための委員会活動や会議、地域貢献活動に至るまで、幅広い仕事に関わらなければならない。職員はさらに、人事異動による配置転換に応じられるよう、その仕事に汎用性が求められる。

　このような職場の中で、対人的な専門職を正規職として確立することは容易ではない。実際、大学の中では、対人的な専門職は非常勤教職員として雇用されることが多い。学生相談のカウンセラーも、障害者の支援者も、そして、男女共同参画推進を担うコーディネーターも。なぜなら、これらの専門職は、その専門性ゆえに配置転換しにくいからである。その職務に必要な専門性は、組織が期待する汎用性と対峙する。それゆえ、これらの専門職の評価は、研究者という専門職を活かし育てる機関であるはずの大学の中でさえ低い。では、コーディネーターが大学において専門職として生き残っていくためには、どのような地位が必要なのだろうか。

(3) 専門職としてのコーディネーター

　これまでみてきたコーディネーターの役割と、学内外の組織や個人との関わりを、図3-1に示す。大学内では、コーディネーターは教員（研究者）と職員、時には経営執行部とも協働しながら、研究者への支援と大学組織のシステム改革を進めていく。この際には、先に指摘したように、社会学的視点とジェンダー視点が重要となる。

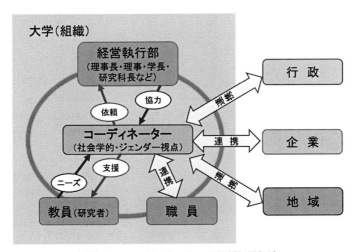

図3-1　コーディネーターの役割と関わり

　専門職であるためには、「養成課程」「資格試験」「身分保障」が必要であることは既に述べた。では、現在のコーディネーターには、これらはあるだろうか。

　大学教育の中で社会学とジェンダー論を学べるという意味では、「養成課程」はあるといえるかもしれない[12]。しかし、コーディネーターの「資格試験」はなく、「身分保障」についても、非常勤雇用が多く給与が低いという点では、ないといえる。では「資格試験」を確立すれば、コーディネーターの「身分保障」はされるのか。たとえば、臨床心理士の資格化の過程で議論されてきたよ

----

12 コーディネーターには、江原（2016）があげた社会学で培った専門的スキルの他に、カウンセリング・スキルや、ソーシャルワーカーとしてのネットワーク・スキルなども必要である。コーディネーターを専門的に養成する課程は現状ではないが、これらのスキルは、NPOによる養成講座などで個人的に取得することができる。

うに、身分保障につなげるには民間資格では弱く、国家資格にする必要がある（堀 2013）。だが、日本のジェンダー秩序[13]の中で、コーディネーター資格がジェンダー平等を目指すものとして確立できるだろうか。

　日本政府は1985年に国連の女子差別撤廃条約に批准したが、2022年現在も、婚姻後の男女別姓を認めていないことなど、たくさんの改善項目を指摘されている。また2015年に「女性の職業生活における活躍の推進に関する法律」（女性活躍推進法）を施行する一方で、文科省が2018年度の組織再編で、女性の社会進出を支援してきた「男女共同参画学習課」の名称をなくそうと提案するなど[14]、北欧諸国のように本気でジェンダー平等に向かおうとしているとは思えない。このように、固定的な性別役割分業をはじめとしたジェンダー秩序を維持しようとする国家が定める資格が、大学における男女共同参画を推進するコーディネーターにふさわしいものになるかどうか、正直疑わしい。

　それならば日本の大学の中で専門職として承認されるためには、「資格試験」を確立するよりも、コーディネーターという職業を単なる「対人支援職」ではなく「研究者」とする必要があるのではないか。先にみたように日本の企業では、その企業文化であるメンバーシップ契約のために、汎用性のある職の方が重宝がられる傾向があり、大学も例外ではない。しかしそのような現状であっても、大学において研究職（教員）は専門職と認識されている。つまり大学において、唯一の正規雇用の専門職は、研究職なのである。したがって、新たに資格試験を設けるよりも、コーディネーターを新しい形の研究職、「実践を伴う研究者」と位置づける方が、大学の中で専門職として承認される可能性が高いだろう[15]。キャリアパスとしても、これまでの「ポスドクのキャリアの一つ」から、新しい「実践を伴う研究職」として正規雇用の専門職ポジションを確立することで、コーディネーターの身分保障につながる。これにより、コーディネーターが安心し、じっくり腰を据えて研究者支援に取り組むことができるようになる。そしてコーディネーターが研究者であれば、社会学的視点やジェン

---

[13] 「ジェンダー秩序」とは、「産む性／産まない性という身体性の差にもとづいて、女性にはケア役割、男性には稼ぎ手役割を割り当ててつくられる社会秩序」（Connell 2002＝2008、江原 2001、巽 2018a）のこと。

[14] 文科省はその後、女性団体などからの反対の声に配慮して、新設する課の名称を「男女共同参画・共生社会学習推進課」にする方針を固めた。

[15] 絶対的な要件ではないが、研究者を支援していくには、コーディネーター自身に研究経験があった方が、職員とは異なる状況で働いている研究者のワーク・ライフ・バランスへの想像力が働くという利点もある。

ダー視点の有用性を、事業成果だけでなく、研究成果としても示すことができる。コーディネーターの専門性を活かしていくことによって、コーディネーター自身の研究業績を上げるとともに、社会学的視点およびジェンダー視点から、研究者の世代間格差や、男性研究者へのワーク・ライフ・バランス支援の必要性など、まだ顕在化していない問題を先取りしていくことも可能となるだろう。それはひいては、大学における男女共同参画推進施策の発展、そして研究者のジェンダー平等にもつながる。

5．まとめ：コーディネーターの新たな可能性

　最後に議論をまとめ、コーディネーターが専門職として発展していくための課題と可能性を示したい。

　本章では、「社会学を基盤にした専門職」になる可能性があるコーディネーターに注目し、コーディネーターが大学の中で専門職となるためには、どのようなことが必要なのかについて議論してきた。大学における男女共同参画推進施策は、文科省の補助事業を中心として展開されてきたが、その中でコーディネーターは、大学の男女共同参画推進施策に幅広く関わり、事業の進捗状況を管理し、事務局のマネジメントも行う「現場監督」の役割を担っている。その役割からコーディネーターには、社会学的視点と同時にジェンダー視点を伴った専門性が必要である。

　他方、専門職として承認されるには「養成課程」「資格試験」「身分保障」が必要だと考えられるが、女性が多い専門職は「準専門職」と扱われる傾向がある。さらに、日本の企業文化（メンバーシップ契約）の中では、なんでもできるゼネラリストが重宝される傾向があるため、専門職はその専門性ゆえに認められにくい。そこでコーディネーターが大学において専門職として承認されるためには、既に正規の専門職として認められている「研究者」になる必要性を指摘した。「実践を伴う研究者」として正規雇用のポジションを確立することは、コーディネーターの身分保障につながっていくだろう。

　コーディネーターがジェンダー視点をもった研究者ならば、ハラスメント対策など、大学におけるリスクマネジメントの役割も担うことも可能となる。各大学にはハラスメント対策委員会が設置され、教職員を対象とした啓発セミナーなどを開催しているが、実際にハラスメントが起こったときの対応がきちんとできるかどうかは、その相談窓口におけるジェンダー視点の有無が大きく関わる。実際、裁判になっているケースをみると、大学側が十分に対応しなかっ

48

たために訴えられているケースが多い。今後、大学がハラスメント対策をリスクマネジメントの一環ととらえていくならば、その中でコーディネーターは、大きな役割を果たすことができるだろう。

　コーディネーターが研究者として承認されれば、大学を研究フィールドにできる可能性もある。たとえば筆者の場合、これまでの研究テーマは「父親の子育てとジェンダー規範」であったが、それを発展させて、「研究者のワーク・ライフ・バランスと大学という職場におけるジェンダー規範の関連」を明らかにするための調査研究を実施した。このような調査研究を通じて、たとえば研究会という形で、全国の大学において男女共同参画に関わる教職員のネットワークを構築できれば、コーディネーターが所属する大学に限定されない、全国の大学における男女共同参画やワーク・ライフ・バランスの共通した問題を浮き彫りにすることができ、女性活躍推進のための政策提言につなげられる。このように、コーディネーターが研究者として、自身の職務経験を活かしながら成果をあげられるという実績も示していきたい。

　また今後は、起業の可能性も捨てがたい。大学を離れるとコーディネーター自身の研究の継続は難しくなるかもしれないが、女性活躍やダイバーシティ推進の人材コンサルタント業として、大学の男女共同参画推進で培ったスキルと専門性を活かす道もある。URAでは、実際に起業して、大学の外から科研費などの外部資金獲得支援を行う企業も出てきている[16]。女性研究者支援の補助事業の採択機関が100を越えた今なら、一つの大学に固執することなく、コーディネーターとしての専門性を活かして、全国の大学を縦断的にコンサルタントすることが可能かもしれない。

　いずれにしてもコーディネーターは、大学における女性研究者支援事業をはじめとする男女共同参画の専門職として、社会学的視点とジェンダー視点を活かした専門性をもつカタリスト（変化・行動などのきっかけ、触媒の働きをする人）になり、所属する大学を超えて活躍できる存在になっていくことが、今後求められていくだろう。そして、コーディネーターという新しい専門職が活躍できるようになることこそ、大学における女性活躍およびダイバーシティを進める第一歩になるにちがいない。

---

16 民間のURA企業として、ロバスト・ジャパン（http://admin-s.jp/）がある。

コラム2　「女性研究者支援のための担当者自主学習会」の挑戦

　女性研究者支援事業の現場の管理運営を担う「現場監督」であるコーディネーターは、大学に専任者が置かれたとしても一人だけということが多いため、学内での支援事業の進め方や自分のキャリアについての悩みを、同じ立場で相談する相手がみつかりにくい。そこで、コーディネーター同士の情報交換の場を作ろうと始めたのが、「女性研究者支援のための担当者自主学習会」（以下、「自主学習会」という）である（表コラム2-1）。

　その目的は「高等教育機関等で女性研究者支援に取り組む担当者の情報共有ならびに専門性向上等」（2018年の自主学習会の案内より）であり、コーディネーターなどの関係者が大学を超えたネットワークを作る機会となっている。当初は「科学技術人材育成費補助事業フォーラム」（JST主催）や「全国ダイバーシティネットワークシンポジウム」（全国ダイバーシティネットワーク、大阪大学主催）など、全国から関係者が集まる時に合わせて開催していたが、2020年以降のコロナ禍では対面で一同に会える機会がなくなったため、2021年に初めてオンラインで開催した。

　自主学習会は、あくまでも有志による企画として実施してきた。中心はコーディネーター歴が長い、清水鈴代（宮崎大学）、長安めぐみ（群馬大学）、堀久美（岩手大学・当時）、巽真理子（大阪府立大学・現大阪公立大学）の4名（敬称略。2021年は清水、長安、巽の3名。以下、「企画メンバー」という）で、毎回、誰かが「今年もやりたいね」と言い出すと、他のメンバーに呼びかける形で始まる。企画の進め方は、下記のとおり。

1．企画メンバーで、その年の開催時期、テーマ案を考える。
2．各地域ブロックの「呼びかけ人」の候補者をあげて、依頼する。
3．呼びかけ人が揃ったら、メールなどで打ち合わせをして、開催日と内容を決める。
4．案内文を全国の大学や研究機関に送り、参加者を募集する。
5．参加者が確定したら、呼びかけ人の中で司会やグループディスカッションの進行役など、当日の分担を決めて実施する。

　企画内容は、その年の呼びかけ人の問題関心から決めることが多かった。また有志による企画とはいえ、平日昼間に開催し、そこに関係者を集めるためには、業務としても役に立つものにする必要があり、気軽に参加できることと、専門性を両立することを目指して企画した。近年、企画メンバーのようにコーディネーター歴が10年を

超える者から、今年初めて女性研究者支援事業に関わる者まで、参加者の経験値が幅広くなってきたため、2021年のオンライン企画では、グループトークのテーマを多彩に設けることで、初心者からベテランまで「参加してよかった」と思ってもらえるよう工夫した。

表コラム2-1　女性研究者支援のための担当者自主学習会

※所属等は全て開催当時のもの

開催年月	開催場所	参加者数	プログラム	呼びかけ人 （敬称略、50音順）
2018年3月	（東京） TKP神田ビジネスセンターANNEX	30	・レクチャー 「女性研究者支援の理念と課題」 江原由美子教授（横浜国立大学） ・グループディスカッション	乙部 由子（名古屋工業大学） 清水 鈴代（宮崎大学） 鈴木 紀子（横浜国立大学） 巽 真理子（大阪府立大学） 長堀 紀子（北海道大学） 長安 めぐみ（群馬大学） 廣瀬 淳一（高知大学） 堀 久美（岩手大学）
2019年2月	（大阪） 大阪大学総合図書館（豊中キャンパス）	29	・話題提供① 「文科省女性研究者支援事業のこれまでを振り返る」 ・話題提供② 「呼びかけ人のグッドプラクティス」 ・グループトーク 「私たちのグッドプラクティス」	跡部 千慧（静岡大学） 清水 鈴代（宮崎大学） 鈴木 紀子（横浜国立大学） 巽 真理子（大阪府立大学） 長堀 紀子（北海道大学） 長安 めぐみ（群馬大学） 廣瀬 淳一（高知大学） 堀 久美（岩手大学）
2019年12月	（東京） CICキャンパス・イノベーションセンター東京	20	「大学経費で続けられる女性研究者支援の実践〜つながり紡ぐ支援の輪」 ・話題提供「大学経費で続けられる女性研究者支援のとっておきの秘策」 ・ランチ交流会 ・グループトーク「専門職として女性研究者支援の実践を元気に続けていくための連携」	清水 鈴代（宮崎大学） 巽 真理子（大阪府立大学） 長安 めぐみ（群馬大学） 堀 久美（岩手大学）
2021年8月	（オンライン）zoom	39	・参加者自己紹介 ・テーマ別グループトーク ①ワークライフバランス、両立支援のグッドプラクティス ②女性研究者増加と、研究力向上支援、上位職登用のグッドプラクティスと課題 ③ダイバーシティ推進の組織編成：大学における位置付けは？ ④意識改革、どうやって検証する？ ⑤実務担当者自身のキャリア形成を考える ⑥なんでも相談室 ・交流会	江藤 みちる（三重大学） 海田 恭子（東京藝術大学） 清水 鈴代（宮崎大学） 巽 真理子（大阪府立大学） 長堀 紀子（北海道大学） 長安 めぐみ（群馬大学） 村上 弥生（徳島大学） 山下 梓（弘前大学）

　他方、2018年に文科省科学技術人材育成費補助事業「ダイバーシティ研究環境実現イニシアティブ」に「全国ネットワーク中核機関（群）」が設けられ、大阪大学が代表機関となった。文科省と連携して構築された「全国ダイバーシティネットワーク」

では、全国を8個の地域ブロックに分けて活動し、さまざまなセミナーやシンポジウムが実施されている。全国ダイバーシティネットワークへの参加機関は181機関（2022年4月現在）、大学や研究機関における女性研究者支援事業およびダイバーシティ推進事業に関わる大きなネットワークとなり、各大学のグッドプラクティスについての情報交換は、その中で行われるようになっている。

　だからといって、自主学習会をやめようという企画メンバーはいなかった。それは、全国ダイバーシティネットワークと自主学習会では、そのネットワークの役割が異なるからである。全国ダイバーシティネットワークは、大学や研究機関という組織（機関）同士のネットワークであり、コーディネーターはあくまでも各組織（機関）の事務局にすぎない。そこでは、今後のキャリアの悩みなど、コーディネーター自身の個人的な問題を話し合うことは難しい[i]。その点、自主学習会は組織（機関）を超えたコーディネーター有志のネットワークなので、事業についてはもちろん、個人的な悩みも相談できる。そこで2021年に開催した自主学習会では、「グループトークのルール」を定めて（図2-1）、安心して話せる場を準備した上で、グループトークのテーマの中に「実務担当者自身のキャリア形成を考える」「なんでも相談室」を設定し、参加者が個人的な問題も話せるように工夫した。

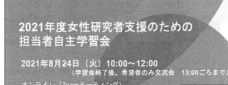

図コラム2-1　2021年自主学習会のスライド

---

[i]　全国ダイバーシティネットワークの近畿ブロック会議では、2021年より事業を担当する実務者同士の情報交換の場が設けられるようになった。そこでもグループディスカッションが行われたが、テーマは「研究支援員派遣制度や女性研究者支援に関すること」「オンライン研修をはじめとする各種研修」「ダイバーシティ推進活動全般」など、事業に関わるものに限定されていた。

筆者は企画メンバーおよび呼びかけ人の一人として初回から参加しているが、イベントやセミナーの企画運営に慣れているコーディネーターたちと一緒に、自主学習会を企画して実施するのは、本当に楽しい。打ち合わせでは、内容や実施方法についてのアイデアがお互いの中から豊富に湧いてきて、役割分担もすぐに手が上がって決まる。特に、自分たちのキャリアについて同じ立場の仲間と語り合えるのは、各大学でオンリーワンであることが多い、コーディネーターという立場ではとても貴重だ。

自主学習会での終わりの言葉は「また来年！」。「全国に、同じように頑張っている仲間がいる」ということが、学内では超少数派である私たちの心の支えの一つになっている。

****

全回を通して企画メンバーをつとめたお二人に、この自主学習会への想いを綴ってもらった。

つながることの意義
── これまでに何を得たか、そしてこれから ──

宮崎大学清花アテナ男女共同参画推進室
清水　鈴代

「地域を問わず、女性研究者支援に関わる者同士で集まろう！」…そんな思いが初めて実ったのは2016年12月のこと。九州・沖縄地域で続くネットワーク（九州・沖縄アイランド女性研究者支援ネットワーク、愛称：Q-wea）で実施してきた活動がきっかけだった。

「Q-weaスペシャルミーティング」と銘打って、それまでQ-wea関係者限定だった学習会をオープンに。全国各地から参集した皆さんと共有した知恵や情報、つながりはその後の仕事に役立ったが、あの日の参加者の熱量、会場に漂っていた温かい雰囲気に「皆つながる機会を待っていたんだな」と感じた記憶のほうが鮮明だ。

それ以降、名称を「女性研究者支援のための担当者自主学習会」とし、企画者も参加者も入れ替わりながら開催を重ねてきたが、さまざまな事情で思うように参加できない、継続的にかかわることができないなど、組織に属する個人がつながり続けることの難しさを感じる場面もあった。そして最近では、各機関の取り組みの熟度が高ま

り、いわゆるグッドプラクティスの蓄積も進む中、「知恵や情報を共有する」という目的だけではつながることに対する意義が見出しづらくなっているのではと感じている。

　これまでの学習会で企画者の面々が大切にしてきたのは、「個人がゆるやかにつながり、互いに学び合える場にする」ということだった（と私は思っている）。そういう意味でも、これからの学習会は「どのステージで、何を学び合うか」について改めて考える必要があるのではないか。そして学習会が参加者個人や所属組織のバージョンアップだけでなく、「新しい何か」を生み出すような場にできれば…とも思う。

　ただ、こうした変化はゆるやかにつながる場に窮屈さを生み出す可能性と表裏一体だ。オンラインによって手軽につながる選択肢が生まれた今だからこそ、ゆるやかにつながり続ける意義を真摯に考えていきたい。

コーディネーターという仕事と自主学習会について
── たった一人のための支援であったとしても ──

群馬大学ダイバーシティ推進センター
長安　めぐみ

　男女共同参画のコーディネーター業務を約10年続けている。去年から組織改編で複数配置になったが長いこと一人でやってきた。大学の中の「マイノリティ」である。だからこそ、孤立するしんどさと連携がうまくいったときの心地よさが身に染みている。男女共同参画、特に女性の支援は、困難を抱える人を見つけ出すのが仕事のようなものだ。それは大学という大きな組織が抱えている見えにくい矛盾、特にジェンダーに起因していることも多い。

　振り返り一番よかった仕事は2019年施行の「性の多様性に関するガイドライン」だと思う。できる訳がないと周囲の風当たりも強かった。しかし、事前調査をしたところ、困っている当事者がいることが分かった。そして、ワーキングチームを立ち上げたところ、同じ志を持つ教職員との出会いもあった。これは「たった一人のための支援であっても」やり遂げようとその時決意を固めた。結局のところ、制度化されてしまえば、それは以前からあったものかのように定着していくからまた不思議だ。

　一つひとつの細かな支援は、困難を抱える人を見つけるためのアクティビティであり、変化していくものだ。それですべてが解決できるわけではない。支援を通じて出

会った困難を抱える人と一緒に、大学が内在している問題について語り、考えること
が重要だと思っている。そこから見えてきたジェンダーやダイバーシティ＆インク
ルージョンの課題を大学側に提起することがコーディネーターの本来の役割だと考え
る。そのためにも専門職としてのコーディネーターが必要なのだ。

　「女性研究者支援者のための自主学習会」は、そんな孤立するコーディネーターの
集まりである。年に１回集うことで、元気をもらい刺激を受ける。男性もいるがシス
ターフッドの精神にあふれている。困った時には、連絡を取り頼りになるそんな会で
あり続けてほしい。

第4章　親支援に必要な社会学的視点とジェンダー視点

1．はじめに

　これまでみてきたように、大学における女性研究者支援事業では、ワーク・ライフ・バランス支援として子育て中の研究者を数多く支援しており、その意味ではこれらも「親支援」の一つだといえる。そのため、支援を行うコーディネーターには、親支援の専門家としてのスキルが必要となる。そこで本章では、専門家として親を支援するために重要なスキルを明らかにし、そこに社会学的視点とジェンダー視点がどのように関連するかを示す。

　現代日本では少子化対策、地域づくり、職場におけるワーク・ライフ・バランス支援など、さまざまな子育て支援が行われ、そこでは親の価値観やライフスタイルを大切にする親支援も行われている。親支援にはさまざまなものがあるが、本章では筆者自身の経験を活かすために、NPOが行う子育てひろばと、大学における女性研究者支援事業に焦点を絞って議論する。

　本章の構成は次のとおりである。次節では日本の子育て支援政策をふりかえった後、親支援の必要性についてみていく。次に第3節で親支援に必要なスキルについて、子育てひろばのスタッフと、大学の女性研究者支援事業（以下、「支援事業」）のコーディネーターの役割から考えていく。その上で第4節において、それぞれのスキルに社会学的視点とジェンダー視点がどのように関連するかを示す。

2．「親支援」という視点の重要性
(1)　日本の子育て支援政策

　日本の子育て支援政策は、少子化対策として行われている。戦後日本において本格的な少子化対策が始まるのは、1990年のいわゆる1.57ショック後である。日本政府はこの1.57ショックによって少子化傾向に拍車がかかっていることを認識し、少子化対策として仕事と子育ての両立支援対策などの検討を始めた（表4-1）。当初は働く母親を対象とした政策が中心であったが、2002年1月に発表された「日本の将来推計人口」における晩婚化に加えて夫婦の出生力そのものの低下によって少子化が加速的に進んでいるとの指摘から、父親にも注目が集まるようになった[1]。

1　この後、父親への子育て支援策は2010年のイクメンプロジェクト（厚生労働省）によって加速していく。詳細については巽（2018a）を参照。

表4-1　日本の主な少子化対策および男女共同参画参画推進計画

年	社会の動き	政策　　　　　　　　＊【　】内は実施期間	
		少子化対策	男女共同参画
1990	1.57ショック		
1991			
1992		「育児・介護休業法」施行	
1993	家庭科男女共修開始 （中学校）		
1994	家庭科男女共修開始 （高校）	「エンゼルプラン」【1995〜1999】策定	
1995			
1996			
1997			
1998		『厚生白書』三歳児神話否定	
1999		「新エンゼルプラン」【2000〜2004】策定	「男女共同参画社会基本法」施行
2000			「男女共同参画基本計画」閣議決定
2001			『男女共同参画社会白書』発刊
2002	夫婦の出生力低下 （『日本の将来推計人口』）	「少子化対策プラスワン」策定	
2003		「少子化社会対策基本法」「次世代育成支援対策推進法」施行	
2004		「少子化社会対策大綱」「子ども・子育て応援プラン」【2005〜2009】策定、『少子化社会白書』発刊	
2005			「第2次男女共同参画基本計画」閣議決定
2006			
2007			「仕事と生活の調和（ワーク・ライフ・バランス）憲章」策定
2008		「次世代育成支援対策推進法」改正	
2009			
2010	「イクメン」が 流行語大賞に	「イクメンプロジェクト」開始 「子ども・子育てビジョン」策定【2010〜2014】	「第3次男女共同参画基本計画」の重点分野として「男性・子どもにとっての男女共同参画」
2011			「男性にとっての男女共同参画」HP開設 （内閣府）
2012		「子ども・子育て支援法」等、子ども・子育て関連3法が可決・成立	
2013			
2014			
2015		「少子化社会対策大綱」閣議決定 「子ども・子育て支援新制度」施行	「第4次男女共同参画基本計画」決定
2016		「子ども・子育て支援法」改正	
2017			
2018		「子ども・子育て支援法」改正	
2019		「子ども・子育て支援法」改正	
2020		「少子化社会対策大綱」閣議決定	「第5次男女共同参画基本計画」決定
2021		「子ども・子育て支援法」および「児童手当法」改正	

　しかし現状をみると、6歳未満の子どもをもつ夫婦の1日の育児時間は、母親が3時間42分、父親が48分と4倍以上と大きな差がある。一方、有償労働時間は母親が2時間6分、父親が7時間43分と、こちらも3倍以上の差があり（総務省統計局 2017）、共働き世帯が専業主婦世帯の約2倍（2018）となっている現代においても、性別役割分業が固定的なままである。したがって現代日本の少子化対策政策は、固定的な性別役割分業を覆すほどの力をもっていないといえる（巽 2018a）。

　また少子化対策とは違う観点から、ワーク・ライフ・バランスが大きな社会課題となってきた。2007年には「仕事と生活の調和（ワーク・ライフ・バランス）憲章」と「仕事と生活の調和推進のための行動指針」が政労使トップの合意として策定された。ここでは男性も含めた働き方の見直しがうたわれ、2010年の改正時には男性の育児休業取得促進のため環境整備等に努めることも追記されている。

　このワーク・ライフ・バランスの観点から、職場での子育て支援も進められている。大学の研究者に対しては、2006年から文科省が「男女共同参画基本計画」と「科学技術基本計画」に盛り込まれた女性研究者の増加やそのための環境整備を目的に「女性研究者支援モデル育成」を始めた。これは現在まで形を変えながら科学技術人材育成費補助事業として続いており、大学における女性研究者支援および男女共同参画推進の柱の一つとなっている（第1章参照）。

　他方、地域における子育て支援は厚生労働省が中心となって進めている。その一つ、親と乳幼児に集う場を提供する「子育てひろば」は、家で乳幼児を抱えて孤立しがちだった母親たちが、自分たちのような親を支えるために始めた市民活動が発端となっている。たとえば、2000年に横浜の商店街の空き店舗から始めたNPO法人びーのびーのは、自宅・公園・スーパーマーケットを母子で孤独に行き来する生活に息苦しさを感じていた母親たちが立ち上げたものである。それはやがて厚生労働省の目にとまり、国の事業「つどいの広場事業」として全国に広められていく（大豆生田 2006）。

　2002年に始まった「つどいの広場事業」は、2007年に児童館の活用も含めた「地域子育て支援拠点事業」として再編された。2022年現在も、子育て中の親子が気軽に集い、相互交流や子育ての不安・悩みを相談できる場を提供する地域子育て支援拠点事業として位置づけられている（図4−1）。この事業は市町

村を実施主体[2]として全国で実施され、その実施箇所数[3]は、2007年の4,409から2017年の7,259へと1.6倍に増えており（厚生労働省 2018b）、地域におけるニーズの高さがうかがえる。また事業の運営主体は、2017年現在で社会福祉法人が38.0%、行政直営が34.7%、NPO法人が10.1%である（厚生労働省 2018b）。この中でNPOは1割程度だが、その実施団体数は2014年の616から、2017年には713へと増えており（厚生労働省 2017c、2018b）、地域における子育て支援の担い手として重要な位置にあると考えられる。

　では子育て支援には、どのような視点が必要なのだろうか。

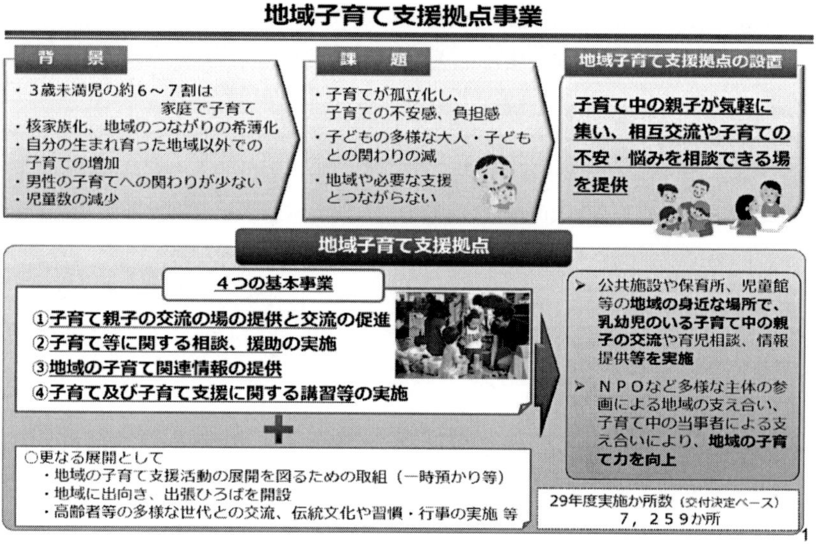

図4-1　地域子育て支援拠点事業（厚生労働省 2018a）

(2)「親支援」という視点の重要性

　日本における子育て支援は子ども中心になりがちであり、親は支援の場においても「子どものための親」であることを求められることが多い。たとえば保育園や幼稚園では、子どもの健やかな成長を促すために保育士や幼稚園教諭は

2　ただし社会福祉法人、NPO法人、民間事業者など「市町村が認めた者」への委託なども可能である（厚生労働省 2018c）。
3　実施箇所数は交付決定ベース（2013年度は国庫補助対象分）であり、すべての事業類型を含む（厚生労働省 2018b）

子どもに働きかけ、親（主に母親）にもそれに協力するよう呼びかける。つまりここでは、親は「子どものための親」であることが自明となっている。しかし、親は子どもが生まれる前から社会で生きてきた個人でもあり、「子どものための親」ではなく「個人としての親」という視点も子育て支援には必要であろう。

　ここで参考になるのが、海外の子育て支援プログラムである。たとえばエリザベス・クレアリーが1990年に開発した「スター・ペアレンティング」は、親子間、子ども同士などでの問題解決プログラムで、星型の表にもとづいて子どもを指導するためのさまざまな具体的な方法が示されている。ここでは子どもの年齢や発達段階や気質にあわせて、また実際の状況や親子の感情に応じて、どういう方法が一番適しているかをいろいろなスキルを駆使して試しながら対処することができるようになっており、親が子どもとともに成長しつづけることが目指されている（Crary 2011=2010）。また「ノーバディーズ・パーフェクト」は、1980年代はじめにカナダ保健省と西部4州の保健部局との協力によって開発され、1987年にカナダ全土に導入されたプログラムである。これは「はじめから完璧な親はいない」というコンセプトのもと、参加者それぞれの価値観を尊重し、プログラムの進行役であるファシリテーターからも価値観の押し付けをしないことが大原則となっている（Catano 1997=2002）。

　これらの子育て支援プログラムの特徴は、1）親自身の価値観を尊重し、親のエンパワメントを重視していること、2）「親」を母親に限定していないこと、3）子どものニーズに対する親の具体的な対応スキルを重視していること、である。1）の「親自身の価値観」には「どのような子どもに育てたいか」ということも含むが、3）子どものニーズに対する親の具体的な対応スキルを重視していることから、これらのプログラムでは子育てを「親が子どもの身体的・情緒的ニーズから出る要求に応えて満たす相互行為と、それによって構築される関係」である「ケアとしての子育て」（巽 2018a）とみていると考えられる。したがって、これらのプログラムは日本で多くみられる「理想の子どもを育てるための親指導プログラム」とは大きく異なる。

　このように子育て支援に「親支援」という視点を入れることにより、親は自分の価値観を尊重しながら子育てに関わることができる。日本において親支援というと「親のわがままを許すことにつながり、育児放棄するのではないか」という議論になりがちである。しかし、先にみたスター・ペアレンティングやノーバディーズ・パーフェクトは、親自身がエンパワメントしながら子どもの

ニーズに対応して子育てするためのプログラムであり、親支援が児童虐待につながることはない。逆に親支援によって、親は子育て中も個人としての自分自身を大切にすることができ、育児不安などを取り除くことにつながると考えられる。

3．親支援に必要なスキルとは何か：NPOと大学での支援経験から

　本節では日本における親支援の事例として、筆者が運営に関わってきたNPOが実施する子育てひろばと、大学における女性研究者支援事業を取りあげる。では、各支援事業における親支援に必要なスキルとは何だろうか。

(1) 子育てひろば：NPOでの支援経験から

　子育てひろばの運営団体の全国組織である子育てひろば全国連絡協議会は、子育てひろばを表4-2のように定義している。これらから子育てひろばでの親支援は、1）0～3歳児の親（主に母親）に親同士、地域との出会いの場を提供すること、2）情報提供・交換できる場を提供すること、3）親同士（ピアサポート）もしくはスタッフとの相談の場を提供すること、だといえる。いいかえれば、親が自分自身を大切にして主体となれる「居場所」を提供するということである。

表4-2　子育てひろばとは（子育てひろば全国連絡協議会，2017）

「子育てひろば」は、 ■妊娠、出産、乳幼児期の子育て家庭が気兼ねなく集まり交流できる場 ■乳幼児期の子どもたちが安心して、のびのびと遊べる場 ■子育ての情報を得たり、交換できる場 ■親子が育ち合う仲間と出会える場 ■子育て経験や体験を通じて、親同士が学び合える場 ■親自身が主体となれる場、人との関係性を育める場 ■子育ての悩みに寄り添って聞いてくれるスタッフがいる場 ■地域のボランティアをはじめ、様々な人が子育てに関わり、社会全体で子育てを応援する場

　ここでいう「居場所」とは「他者と経験や役割、気持ちを理解し合うことなどによって、安心してそこに居ることができる関係性や場」（巽 2018a：84）である。この「居場所」を提供するためのひろばスタッフの重要なスキルとして、利用者の子育てのやり方や悩みを否定せず、寄り添うことがある。たとえば1～2歳の子どもが遊びながら食べるなど、食べ方に悩みを抱える利用者に対しては、その悩みを否定せずにまず聴くことが必要である。その上で、一緒にお昼を食べる場を提供して他の子どもが食べる様子とそれへの親の対応を見せる、スタッフ自身の子育て経験を（あくまでも一例として）語るなどの情報提供を行っていく。このような支援を行いながら、利用者自身が子どもの発達や気質と自分の価値観に合う方法を見つけ出し、問題を解決していくのを見守っていくことが、利用者のエンパワメントにつながっていくと考えられる。

(2) 女性研究者支援事業：大学での支援経験から

　他方、大学の支援事業は前述のように、文科省の科学技術人材育成費補助事業の採択機関を中心に進められている。では各採択機関では具体的にどのような支援事業を進めているのだろうか。本項では、筆者が立ち上げ当初からコーディネーターとして関わる大阪府立大学を事例としてみていく。

　大阪府立大学の支援事業は、大きく分けると「Ⅰ 環境整備」「Ⅱ 研究者支援」「Ⅲ 研究者育成」の3つとなる（第2章参照）。このうち親支援としては、「Ⅰ 環境整備」として実施される、子育てや介護などのライフイベント中の研究者への研究支援員派遣があげられる。他にセミナー開催や相談窓口の運営、委員会運営も、支援が受けやすい環境づくり、ひいては親である研究者の職場における「居場所」づくりに貢献しているという意味で、親支援の一つだといえるだろう。たとえば大阪府立大学では相談窓口運営の一環として、女性研究者への個別ヒアリングを実施している。その時にライフイベント中だと判明した女性研究者には、研究支援員派遣制度を案内して利用を促す。実際に研究支援員派遣制度を利用する研究者のリストは、支援事業の最上位委員会の科学技術人材ステアリング委員会委員でもある部局長（研究科長・機構長）に報告する。事務局である女性研究者支援センターやコーディネーターだけでなく、部局長も支援が必要な研究者を把握することによって、各部局内での支援のための環境整備に役立てることができ、よりきめ細やかな大学全体にわたる支援体制の整備につながる。

　この中で支援事業を推進するコーディネーターは、時には自らも事業を担当

しながら、各事業の進捗状況を管理し、事務局のマネジメントも行う。またネットワーク構築も重要な業務の一つである。それは大学内に留まらず、女性研究者の活躍の場を広げるために、学外の企業や行政などと繋がっていくことが必要となる。その役割をまとめると「研究者のライフイベントおよびワーク・ライフ・バランスに配慮した研究環境の整備や研究力向上のための取り組み、女性研究者の積極採用や上位職への積極登用に向けたスキルアップおよびキャリアアップ支援などを進め、そのために必要な制度やネットワークを構築すること」である。したがってコーディネーターには、個人の問題を社会・組織の問題と捉え、支援のために必要な制度やネットワークを構築していくスキルが必要であり、個人支援と組織のシステム改革のための両方のスキルが求められる（第3章参照）。

4．親支援職と社会学的視点、ジェンダー視点

　では、子育てひろばのスタッフおよび支援事業のコーディネーターという親支援職に必要なスキルには、どのような視点が求められるのだろうか。結論を先取りすると、それは社会学的視点とジェンダー視点である。個人的な問題をその背後にある社会的背景や政策、規範からみる視点である「社会学的視点」と（樫田 2010、江原 2016、巽 2018b）、社会におけるジェンダー役割や規範などを考慮しながら、個人的な悩みや困難を、政治的・社会的文脈からみる視点である「ジェンダー視点」（井上 2010）の各視点別に、それぞれの親支援職との関連をみていきたい。

(1) 親支援職と社会学的視点

　先にみたように大学における親支援では、研究者個人への支援とともに組織のシステム改革が必要である。その際には社会学的視点から「個人的な問題」を「組織の問題」と捉えることによって、研究者個人のニーズに応えるシステム改革をすることができる。たとえば、ライフイベント中で研究時間を取りにくいという個人的なワーク・ライフ・バランスの問題を、大学の若手人材育成やダイバーシティ（多様な人材の活用）のための施策と捉えることにより、研究を支援する人を雇用して派遣するという研究支援員派遣制度を大学の公的な制度として発足させることができる。

　また支援事業は一時的なものにとどまらず、継続していくことがなによりも重要である。NPOによる子育てひろばには、地域社会のニーズに応えるとい

うやりがいがある一方で、スタッフの収入が少ないために人材の確保が難しく継続性が低いという一面がある（巽 2018c）。したがってNPOが組織として継続していくには、経済的基盤をきちんと確保する必要がある。そのためには社会学的視点から、親やNPOの背後にある社会的背景や政策などをきちんと把握した上で、政策や社会的トレンドにもとづいて配分される市町村や企業などの助成金の利用や、時にはクラウドファンディングのように社会的ニーズを訴えて自分たちで資金集めることも必要である。

　大学における支援事業では、大学内でその事業の有用性を訴えて予算を確保していくことが継続につながる。事業継続の根拠として、学内での研究者個人のニーズの把握はもちろん、社会学的視点から国際比較や政策などへも目配りすることにより、大学がおかれた状況を説明することができる。それが、支援事業の必要性および重要性を訴えることにつながる。たとえば国際化が課題となっている大学であれば、女性研究者比率の国際比較から、日本は欧米に比べて約半分の16.9％（2020年現在）であること（内閣府 2021）を示し、海外から優秀な研究者や学生を招き入れるためには、女性研究者比率を上げて国際標準に近づける必要があることを訴えることができる。

(2) 親支援職とジェンダー視点

　子育てひろばも支援事業も、現在の主な支援対象は母親である。また現代日本でも、いまだ性別役割分業が固定的であることは、これまで確認してきたとおりである。このような社会状況の中で母親を支援していくためには、子育てひろばスタッフや支援事業のコーディネーターなどの親支援職が、母性愛神話や三歳児神話など、子育てに関するジェンダー規範を把握しながら支援していくことが重要である[4]。

　その上で、先にみたように子育てひろばのスタッフの重要なスキルとして、親に「居場所」を提供するために、利用者の子育てのやり方や悩みを否定せず寄り添うことがある。これを実現するためには、その利用者のおかれた状況を

---

[4] 他方、父親も固定的な性別役割分業から「一家の稼ぎ主」であることから抜けにくく、子育てに関わりにくいという現状がある（巽 2018a）。たとえば子育ての性別役割分業については、母親が育児を一人で抱えている状態（いわゆるワンオペ育児）によって母親が重い育児責任を担っていることは女性学からよく指摘される。しかし男性学から同じ問題を考えると、母親が1人で育児を抱え込んでしまうことは父親から子育てに関わる権利を奪い、家庭における居場所を失うことにも繋がるという問題もある。今後はジェンダー視点という場合は、このように男女両側からみていくことが重要である。

ジェンダー視点からみることが必要である。たとえば専業主婦の利用者の場合、家事・子育てに専業であることから、働く母親以上に母性愛神話や三歳児神話に縛られがちである。子育てひろばのスタッフは、もし地域のみんなで子育てする方がよいと考えていても、まずは利用者が母親として一人で子育てを抱え込んでしまう状況を理解して、その悩みや不安に寄り添っていく。そのためには、日本社会における固定的な性別役割分業によって、母親が母性愛神話や三歳児神話に縛られがちであるという社会的背景を把握しておく必要がある。

　他方、大学における支援事業のコーディネーターは、研究者個人への支援と大学組織のシステム改革の両方を進めていく必要がある。その際に研究者個人から汲み取ったニーズを、個人の問題にとどめずに組織のシステム改革につなげていくためには、ジェンダー視点から日本社会におけるジェンダー役割や規範を把握して問題を分析し、周りに示していくことが重要である。たとえば研究支援員派遣制度では審査過程でジェンダー視点が共有されるよう、審査委員に現代日本の性別役割分業の現状を伝え、女性の方が男性に比べて子育て役割および責任を担いがちであることを確認していく[5]。

　一方で、マミートラックなど過剰な配慮による子育て中の女性に対する特別扱いは、長期的な仕事上の経験の差が昇進などに影響を及ぼすと予想されるため、やりがいを奪われた感覚を覚えることが指摘されている（中野 2014）。したがって職場における親支援では、女性のキャリアアップ・スキルアップ支援も並行して行いながら、昇進などの場面では男女平等に扱うことも重要である。

5. おわりに

　本章では親支援という視点の重要性を示した上で、筆者が関わってきたNPOの子育てひろばのスタッフと大学における支援事業のコーディネーターを事例として、親支援職に重要なスキルを明らかにし、そこに社会学的視点とジェンダー視点がどのように関連するかを示してきた。

　子育てひろばのスタッフに必要なスキルは、親に自分自身を大切にして主体となれる「居場所」を提供するために、利用者の子育てのやり方や悩みを否定せず、寄り添うことである。そのためにはジェンダー視点から利用者の置かれた社会状況を理解することが必要である。またNPOが支援事業を継続してい

---

[5]　しかし近年では、主に女性が稼ぎ手役割を担い、男性が子育て役割を担う夫婦も出てきており、社会全体の傾向とともに、支援対象者の個別ケースも見極めていく必要がある。

くためには、経済的基盤を確保する必要がある。そのためには社会学的視点から、社会的背景や政策を把握して市町村や企業などと交渉していくことが重要である。

　他方、支援事業のコーディネーターには、研究者個人への支援と組織のシステム改革のための両方のスキルが求められる。それには、研究者が置かれた社会的状況を把握するためにジェンダー視点が必要であり、個人的な問題を組織的な問題として捉えるために、そして前述のNPOと同様に、支援事業継続のためにも社会学的視点が必要である。

　このように親支援職が親自身の価値観を大切にしながらエンパワメントしていくためには、社会学的視点とジェンダー視点の両方をもつことが重要である。

　さらに、親支援職に限らず、組織の他のメンバーも社会学的視点とジェンダー視点をもつための問題提起をしていくことも必要である。たとえば、誰もが潜在的に持ち、育つ環境や所属する集団のなかで知らず知らずのうちに刷りこまれる既成概念、固定観念である「アンコンシャス・バイアス」に自覚的になるよう促すことは、採用や昇任の審査会など、色々な判断の過程において評価者が自覚することにつながり、そのバイアスによる影響を最小限に抑えることができる（男女共同参画学協会連絡会 2017b）。このような問題提起により、親支援職以外の組織メンバーにも社会学的視点とジェンダー視点の重要性を訴えることができ、支援事業の推進に大きく貢献することが期待できるだろう。

おわりに
ワーク・ライフ・バランス支援を女性支援から
ジェンダー平等なケア支援へ

　本書では、筆者の専門分野である社会学およびジェンダー論の視点から、日本の大学における研究者のワーク・ライフ・バランス支援について議論した。研究者は政策・方針決定過程における「指導的地位」にあり、その研究成果が世論形成や技術革新による生活変革につながるという意味でも重要な地位にある。そのため、大学という職場におけるジェンダー平等の達成は、研究者が性別に関わらず働きやすい職場にするということ以上に、社会にとって重要な意味を持つ。

　日本の大学における研究者のワーク・ライフ・バランス支援は、当初は理工系の女性研究者に限定して支援され、その後、対象者は全研究分野に広がったが、日本社会の性別役割分業の現状から、いまだ女性を主な支援対象として研究者へのワーク・ライフ・バランス支援が実施されている。本書では、現在の研究者支援にみられるジェンダー規範として、1）支援対象を女性に限定することは「女性＝ケアを抱える存在」とみなすことにつながること、2）ケアを抱える男性研究者は「マジョリティの中のマイノリティ」であり「男性＝ケアを抱えない存在」とみなされがちであることを指摘した。

　これらをふまえて、今後の研究者へのワーク・ライフ・バランス支援は、女性だけに焦点を当てた支援から、性別に関わらず「ケアを抱えた研究者」を対象とする支援にしていく必要があると考える。その一例として、本書では全部局・男女研究者を対象としている、大阪府立大学の研究支援員派遣制度を紹介した。この実践も完成したものではなく、毎年、研究者のニーズに合わせて、試行錯誤しながら改善してきた。大学統合後の2022年以降は、大阪公立大学における重要な研究者支援の一つとして、新たな研究者のニーズもふまえて、試行錯誤し続けていくだろう。そしていずれは、研究者の性別やケアを抱えているかどうかに関わらず、仕事と研究、家庭生活や地域活動などとの調和がとれる生活を送れるようになることが、ワーク・ライフ・バランス支援として重要である。

　本書では、第Ⅰ部で研究者のワーク・ライフ・バランス支援について、第Ⅱ

部で大学において男女共同参画およびワーク・ライフ・バランス支援を推進するコーディネーターについて、それぞれ取りあげた。一見、第Ⅰ部と第Ⅱ部では取りあげるテーマが大きく異なるようにみえるかもしれないが、支援される側（大学の研究者）と支援する側（コーディネーター）のどちらも、大学という職場で働くスタッフであり、本書で取りあげるテーマはいずれも、大学におけるジェンダー平等のために欠かせない議論である。

　2006年に文科省が女性研究者支援のための補助事業を始めて15年以上が経ち、大学における女性研究者支援事業は、女性研究者の在籍比率を増やすところから、学長・副学長などの大学執行部や教授といった上位職の女性比率を上げるという、次のステップに向かっている。しかし、これまでに研究者における性別役割分業の現状についての調査や分析は多くされてきたものの、日本社会全体におけるジェンダー規範との関連を指摘したものは管見の限りなかった。大学の研究者も社会の一員である以上、社会におけるジェンダー規範と無縁では暮らせない。本書での指摘が、研究者支援についての議論を大学という職場に閉じず、社会に開きながら考えていく一助になれば幸いである。

　そして、支援する側のコーディネーターという職についても、これまで議論されてこなかった。コーディネーターは（筆者も含めて）、国（文科省の補助事業）および大学からの女性研究者支援事業への要望・期待と、支援される研究者個人のニーズ（切実な訴え）に挟まれながら、自身の立場や責任・役割を模索し、コーディネーターという職のあり方を開拓し続けている。本書でのコーディネーターという職についての議論は、大学の状況や体制によっては当てはまらない場合もあるかもしれない。しかし、大学の中で超少数派のコーディネーターの立場や役割について、今後も考えていく必要性を示すことはできたと自負している。

　本書の執筆に際しては、たくさんの方のご協力をいただいた。

　大阪府立大学女性研究者支援センターの歴代センター長、田間泰子先生、真嶋由貴惠先生、森澤和子先生とは、女性研究者支援センターの立ち上げ当初から、研究者支援のあり方や方向性について一つ一つ話し合い、作りあげてきた。制度を作っても、使う人がいなければ意味がない。ご自身が大学執行部の一員となってもなお、研究者へのヒアリングに同席して一人一人と向き合う先生方の姿勢からは、「研究者支援には、人としての繋がりが重要だ」という大切なことを教わった。

　コーディネーター仲間の清水鈴代さんと長安めぐみさん、堀久美さんには、一緒に進めてきた自主学習会の企画・運営を通して、「大学におけるジェンダー平等とは」や「コーディネーターとは何か」などについて色々と議論をしてきた。その中でさまざまな気づきがあり、勇気づけられている。本書の第Ⅱ部で議論した内容も、彼女たちのコーディネーターという仕事への姿勢に学んだことが大きく影響している。

　そして本書で取りあげた教職員調査に多大な協力をしてくれた、大阪府立大学女性研究者支援センターならびにダイバーシティ研究環境研究所のスタッフ、そしてなにより回答してくださった大阪府立大学の教職員のみなさんに、この場を借りて御礼申し上げたい。本当にありがとうございました。

　本書は、JSPS科研費基盤研究 (C)「大学における男性研究者の子育て支援ニーズの調査研究：女性支援からジェンダー平等へ」JP17K00764（研究代表者 巽真理子）による研究成果である。

　なお、本書での主張はすべて筆者の研究者としてのものであり、その内容の責任は筆者にある。

【参考文献】

天野正子, 1972, 「看護婦の労働と意識――半専門職の専門職化に関する事例研究」『社会学評論』22(3)：30-49.

Catano, Janice Wood, 1997=2002, Nobody's Perfect, the Minister of public Works and Government Services,（=『完璧な親なんていない！』, 三沢直子監修・幾島幸子訳, ひとなる書房）.

Connell, R. W., 2005, Masculinities-2nd ed., University of California Press.

Crary, Elizabeth, 2011=2010, STAR Parenting: Tools and Tales, Parenting Press（=『叩かず甘やかさず子育てする方法』田上時子訳, 築地書館）.

男女共同参画学協会連絡会, 2014, 「21世紀の多様化する科学技術研究者の理想像男女共同参画推進のために」.

男女共同参画学協会連絡会, 2017a, 「第4回科学技術系専門職の男女共同参画実態調査解析報告書」.

男女共同参画学協会連絡会, 2017b, 「無意識のバイアスを知っていますか？」https://www.djrenrakukai.org/doc_pdf/2017/UnconsciousBias_leaflet.pdf（2018/08/22）.

男女共同参画学協会連絡会, 2022, 「男女共同参画学協会連絡会ウェブサイト」https://djrenrakukai.org/（2022/10/02）.

江原由美子, 2016, 「社会学を基盤にした新しい専門職？」『理論と方法』31(2)：318-321.

European Union, 2016, She Figures 2015, https://ec.europa.eu/research/swafs/index.cfm（2018/08/12）.

濱口桂一郎, 2011, 『日本の雇用と労働法』日本経済新聞出版社.

橋本鉱市, 1992, 「近代日本における専門職と資格試験制度」『教育社会学研究』51：136-153.

堀智久, 2013, 「専門職であることの否定から専門性の限定的な肯定あるいは資格の重視へ――日本臨床心理学会の1970/80年代」, 『社会学評論』64(2)：257-274.

井上摩耶子, 2010, 「フェミニストカウンセリングとはなにか」『フェミニストカウンセリングの実践』世界思想社：2-104.

人文社会科学系学協会男女共同参画推進連絡会, 2022, 「人文社会科学系学協会男女共同参画推進連絡会ウェブサイト」https://geahssoffice.wixsite.com/geahss（2022/10/02）.

海妻径子, 2012, 「『男性稼ぎ主』幻想とホモソーシャルの形成」『現代思想』40(15)：78-90.

樫田美雄，2010，「周辺への／周辺からの社会学」『社会学評論』61（3）：235-256.

カンター，R. M.，1977=1995，『企業の中の男と女』高井葉子訳，生産性出版.

木本喜美子，1995，『家族・ジェンダー・企業社会』ミネルヴァ書房.

木本喜美子，2002，「企業社会論からのアプローチ——日本型〈近代家族〉モデルの歴史的特質」，石原邦雄編，『家族と職業：競合と調整』，ミネルヴァ書房：62-86.

木本喜美子，2006，「雇用流動化のもとでの家族と企業社会の関係——企業の人事戦略を中心に」，『家族社会学研究』17（2）：17-28.

小館香椎子，2015，「男女共同参画学協会連絡会の設立と取組み」国立女性教育会館・村松泰子編，『大学における男女共同参画の推進』悠光堂：19-22.

国立女性教育会館，2014，『実践ガイドブック 大学における男女共同参画の推進』悠光堂.

子育てひろば全国連絡協議会，2017，「子育てひろば全国連絡協議会パンフレット」.

厚生労働省，2017a，「平成28年衛生行政報告例（就業医療関係者）の概況」.

厚生労働省，2017b，「平成28年（2016）医師・歯科医師・薬剤師調査の概況」.

厚生労働省，2017c，「地域子育て支援拠点事業実施状況平成26年度実施状況」https://www.mhlw.go.jp/stf/seisakunitsuite/bunya/kodomo/kodomo_kosodate/kosodate/index.html（2018/09/17）.

厚生労働省，2018a，「地域子育て支援拠点事業とは（概要）」http://www.mhlw.go.jp/file/06-Seisakujouhou-11900000-Koyoukintoujidoukateikyoku/kyoten26_5.pdf（2018/04/01）.

厚生労働省，2018b，「地域子育て支援拠点事業実施状況　平成29年度実施状況」https://www.mhlw.go.jp/stf/seisakunitsuite/bunya/kodomo/kodomo_kosodate/kosodate/index.html（2018/09/17）.

厚生労働省，2018c，「地域子育て支援拠点事業実施要綱」https://www.mhlw.go.jp/file/06-Seisakujouhou-11900000-Koyoukintoujidoukateikyoku/kyoten_youkou_H30.pdf（2018/09/17）.

厚生労働省，2021，「裁量労働制実態調査の概要」https://www.mhlw.go.jp/toukei/list/dl/171-1/gaikyou.pdf（2022/10/10）.

文部科学省，2014，「文部科学統計要覧（平成26年版）」.

文部科学省，2015a，「女性研究者研究活動パンフレット」.

文部科学省，2015b，「文部科学省における女性研究者支援の取組みと今後について」国立女性教育会館・村松泰子編『実践ガイドブック 大学における男女共同参画の推進』悠光堂：104-106.

文部科学省，2021，「令和3年度学校基本調査」.

宮坂靖子，2008，「育児の歴史　父親・母親をめぐる育児戦略」，大和礼子・斧出節子・

木脇奈智子編『男の育児・女の育児－家族社会学からのアプローチ』昭和堂：
　25-44.

内閣府，2005a，『平成17年版男女共同参画白書』.

内閣府，2005b，『男女共同参画基本計画（第二次）』.

内閣府，2006，「第3期科学技術基本計画」.

内閣府，2016，「第5期科学技術基本計画」.

内閣府，2017，『男女共同参画白書平成29年版』.

内閣府，2018，『男女共同参画白書平成30年版』.

内閣府，2019，「令和元年度男女共同参画社会に関する世論調査」https://survey.gov-
　online.go.jp/r01/r01-danjo/zh/z13.html（2022/10/15）.

内閣府，2020，『男女共同参画白書令和2年度版』.

内閣府，2021，『男女共同参画白書令和3年度版』.

内閣府，2022，「第6期科学技術・イノベーション基本計画」.

仲真紀子・久保（川合）南海子編，2014，『女性研究者とワークライフバランス：キャ
　リアを積むこと、家族をもつこと』新曜社.

中野円佳，2014，『「育休世代」のジレンマ　女性活用はなぜ失敗するのか？』光文社.

日本フェミニストカウンセリング学会，2018，「日本フェミニストカウンセリング学
　会ウェブサイト」http://nfc505.com/（2018/01/23）.

日本社会学会社会学教育委員会，2016，『社会学教育ってなんだ――「社会学分野の
　参照基準」から考える』.

庭野晃子，2007，「父親が子どもの『世話役割』へ移行する過程――役割と意識との
　関係から」『家族社会学研究』18(2)：103-114.

小川眞里子，2012，「EUにおける女性研究者政策の10年」『人文論叢（三重大学)』第
　29号：147-162.

大豆生田啓友，2006，『支え合い、育ち合いの子育て支援――保育所・幼稚園・ひろ
　ば型支援施設における子育て支援実践論』関東学院大学出版会.

小野浩，2013，「外から見た日本の大学」『日本労働研究雑誌』637：91-92.

大阪府立大学，2010，「大阪府立大学における多様な人材活用推進の基本方針」
　http://www.osakafu-u.ac.jp/corporation/about/policy/terial/（2018/08/28）.

大阪府立大学，2021，『データで見る大阪府立大学2021年度版』.

大阪府立大学ダイバーシティ研究環境研究所，2017，「ダイバーシティ研究環境研究
　所パンフレット」.

大阪府立大学女性研究者支援センター，2017，「女性研究者支援センターパンフレッ
　ト」.

坂無淳，2015，「大学教員の研究業績に対する性別の影響」『社会学評論』65(4)：

592-610.

関めぐみ，2018，『〈女子マネ〉のエスノグラフィー——大学運動部における男同士の絆と性差別』晃洋書房.

総務省統計局，2017，「平成28年社会生活基本調査」http://www.stat.go.jp/data/shakai/2016/index.html（2018/07/17）.

多賀太編著，2011，『揺らぐサラリーマン生活－仕事と家庭のはざまで－』ミネルヴァ書房.

田中俊之，2009，『男性学の新展開』青弓社.

巽真理子，2016，「父親の子育て再考——ケアとしての子育てと現代日本の男らしさ」大阪府立大学大学院人間社会学研究科 平成27年度学位論文.

巽真理子，2018a，『イクメンじゃない「父親の子育て」——現代日本における父親の男らしさと〈ケアとしての子育て〉』晃洋書房.

巽真理子，2018b，「大学における男女共同参画推進コーディネーターは専門職になり得るのか？——社会学を基盤にした専門職についての一考察」『現象と秩序』第8号：17-38.

巽真理子，2018c，「子育て中の母親にとっての多様な働き方とは」梅田直美編著『子育てと共同性——社会的事業の事例から考える』大阪公立大学共同出版会：9-16.

巽真理子，2019，「大学におけるジェンダー平等達成に向けた課題の考察——大阪府立大学における研究支援員派遣制度を事例として」九州大学男女共同参画推進室編集委員会『ポリモルフィア』第4号：64-73.

巽真理子，2021，「父親の子育て遂行と多様なジェンダー意識との関連」西村純子・田中慶子編『第4回全国家族調査（NFRJ18）第二次報告書』日本家族社会学会全国家族調査委員会.

内永ゆか子，2007，『部下を好きになってください』勁草書房.

World Economic Forum, 2021, The Global Gender Gap Report 2021, https://www.weforum.org/reports/global-gender-gap-report-2021（2022/03/12）.

横山美和・河野銀子・財部香枝・小川眞里子・大坪久子・大濱慶子，2017，「女性研究者増加政策における『パイプライン理論』——2006〜2015年のシステマティックレビューの検討から」『ポリモルフィア』第2号，九州大学男女共同参画推進室：94-107.

【執筆者紹介】

著者

巽 真理子（たつみ まりこ）

大阪公立大学 ダイバーシティ研究環境研究所　特任准教授／女性研究者支援センター（中百舌鳥）副センター長。博士（人間科学）、保育士、専門社会調査士。専門は家族社会学、ジェンダー論。

神戸大学文学部卒業後、20代は会社員、30代は子育てのかたわらさまざまなNPO活動に参加。40代目前の2008年大阪府立大学大学院人間社会学研究科に入学。大学院在学中の2010年に大阪府立大学女性研究者支援センターのコーディネーターとなり、大学における女性活躍推進やダイバーシティ推進に関わる。2016年大阪府立大学大学院修了、博士号取得。2017年から大阪府立大学特認准教授、2022年より現職。消防庁女性消防吏員活躍推進アドバイザー、大阪府河内長野市男女共同参画審議会会長なども務める。

主な著作として、『イクメンじゃない「父親の子育て」――現代日本における父親の男らしさと〈ケアとしての子育て〉』（晃洋書房、2018年）、「子育てというケアとイクメンの男らしさ：ケアリング・マスキュリニティについての一考察」『社会学評論』72(4)：450-466（日本社会学会、2022年）。

コラム執筆者

清水 鈴代（しみず すずよ）

宮崎大学 清花アテナ男女共同参画推進室 副室長

長安 めぐみ（ながやす めぐみ）

群馬大学講師／ダイバーシティ推進センター 副センター長

OMUPブックレット　刊行の言葉

　今日の社会は、映像メディアを主体とする多種多様な情報が氾濫する中で、人類が生存する地球全体の命運をも決しかねない多くの要因をはらんでいる状況にあると言えます。しかも、それは日常の生活と深いかかわりにおいて展開しつつあります。時々刻々と拡大・膨張する学術・科学技術の分野は微に入り、細を穿つ解析的手法の展開が進む一方で、総括的把握と大局的な視座を見失いがちです。また、多種多様な情報伝達の迅速化が進む反面、最近とみに「知的所有権」と称して、一時的にあるにしても新知見の守秘を余儀なくされているのが、科学技術情報の現状と言えるのではないでしょうか。この傾向は自然科学に止まらず、人文科学、社会科学の分野にも及んでいる点が今日的問題であると考えられます。

　本来、学術はあらゆる事象の中から、手法はいかようであっても、議論・考察を尽くし、展開していくのがそのあるべきスタイルです。教育・研究の現場にいる者が内輪で議論するだけでなく、さまざまな学問分野のさまざまなテーマについて、広く議論の場を提供することが、それぞれの主張を社会共通の場に提示し、真の情報交換を可能にすることに疑いの余地はありません。

　活字文化の危機的状況が叫ばれる中で、シリーズ「OMUPブックレット」を刊行するに至ったのは、小冊子ながら映像文化では伝達し得ない情報の議論の場を、われわれの身近なところから創設しようとするものです。この小冊子が各種の講演、公開講座、グループ読書会のテキストとして、あるいは一般の講義副読本として活用していただけることを願う次第です。また、明確な主張を端的に伝達し、読者の皆様の理解と判断の一助になることを念ずるものです。

平成18年3月

OMUP設立五周年を記念して
大阪公立大学共同出版会（OMUP）

OMUPとは

　大阪公立大学共同出版会（OMUP）は大阪南部に位置する5公立大学、すなわち大阪府立大学、大阪市立大学、大阪女子大学、大阪府立看護大学および大阪府立看護大学医療技術短期大学部を構成する教授を中心として、2000年に設立されました。

　大阪府立関係の4大学は2005年4月に統合され、さらに2022年4月には大阪市立大学とも統合され、大阪公立大学となりました。OMUPは、大阪公立大学の教員および関係者が共同で運営する出版会となっています。

　また、OMUPは2006年に特定非営利活動法人（NPO）として認証されました。OMUPは一般の出版社において刊行が難しい優良学術図書の刊行頒布を行い、大学における教育・学術研究の成果を広く国民に還元し、学術の振興および文化の発展に貢献することを目的としています。

What is OMUP?

　OMUP is a publishing society that was established in 2000 by professors of the five municipal universities in southern Osaka: Osaka Prefecture University, Osaka City University, Osaka Women's University, Osaka Prefectural College of Nursing, and Osaka Prefectural College of Health Sciences.

　The four prefectural universities were merged in April 2005, and then merged with Osaka City University in April 2022 to form Osaka Metropolitan University. OMUP is run jointly by faculty members and other staff of Osaka Metropolitan University.

　OMUP has been a Non-Profit Organization (NPO) since 2006. Its purpose is to publish and distribute quality academic books that may not have a chance to be published by commercial publishers, to present the achievements of university education and research to the public, and to contribute to the academic and cultural advancement.

OMUPブックレット No.68

大学研究者へのワーク・ライフ・バランス支援
── 女性支援からケア支援へ ──

2023年3月21日　初版第1刷発行

著　者　　巽　真理子
発行者　　八木　孝司
発行所　　大阪公立大学出版会（OMUP）
　　　　　〒599-8531 大阪府堺市中区学園町1－1
　　　　　大阪公立大学内
　　　　　TEL　072（251）6533　FAX　072（254）9539
印刷所　　和泉出版印刷株式会社